NCS 자원관리능력의 *기초부터 실전까지 완벽 대비*

고졸채용 NCS 자원관리능력
기초입문서

NCS 공기업연구소 편저

예문에듀
EDU

NCS(국가직무능력표준)

NCS(국가직무능력표준) 개념도

국가직무능력표준(NCS ; National Competency Standard)은 산업현장에서 직무를 수행하기 위해 요구되는 지식 · 기술 · 태도 등의 내용을 국가가 체계화한 것

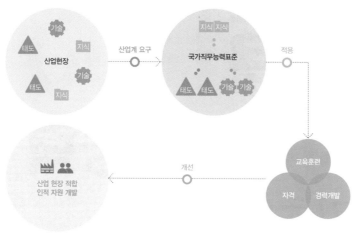

NCS(국가직무능력표준) 분류

• 국가직무능력표준의 분류는 직무의 유형(Type)을 중심으로 국가직무능력표준의 단계적 구성을 나타내는 것으로, 국가직무능력표준 개발의 전체적인 로드맵을 제시
• 한국고용직업분류(KECO ; Korean Employment Classification of Occupations)를 기본으로 하여 분류하였으며 '대분류(24개) → 중분류(81개) → 소분류(269개) → 세분류(NCS, 948개)'로 구성

분류	하위능력
대분류	주요 산업분야(Industry)을 기준으로 구분 예 정보통신 등
중분류	주요 산업분야를 구성하는 하위 산업(Sub-industry)을 기준으로 구분 예 정보기술, 통신기술, 방송기술 등
소분류	유사한 직업의 집합으로 직업군(Occupation cluster)을 기준으로 구분 예 정보기술개발, 정보기술관리 등
세분류	주어진 업무와 과업이 높은 유사성을 갖는 유사한 직무능력의 집합(Competency cluster)으로 직업(Occupation) 정도의 크기로 구분 예 SW아키텍쳐, 응용SW엔지니어링, DB엔지니어링 등

- NCS는 다음의 5가지 원칙을 적용하여 분류
  ① 포괄성(Inclusiveness) : NCS 활용도를 고려하여 개발 대상 분야의 직무는 가능한 NCS 분류에 모두 포함되어야 함
  ② 배타성(Exclusion) : 동일 수준의 분류 간에는 상호 차별성을 유지하여야 하며, 동일하거나 유사한 직무는 가능한 하나의 직무로 표현되어야 함
  ③ 위계성(Hierarchy) : 대-중-소-세분류의 수준 간 위계적 구조 및 포괄적 관계가 명확하여야 함
  ④ 계열성(Sequence) : 동일 분류의 직무는 상호 내용적 관련성이 있는 것들로 구성되어야 함
  ⑤ 보편성(Universality) : NCS 분류를 구성하는 직업 및 직무는 특수한 것이라기보다는 보편적인 것으로 구성되어야 함

직업기초능력

- 정의 : 직종이나 직위에 상관없이 모든 직업인들에게 공통적으로 요구되는 기본적인 능력 및 자질
- 구분

능력	하위영역
의사소통능력	문서이해능력, 문서작성능력, 경청능력, 의사표현능력, 기초외국어능력
자원관리능력	시간관리능력, 예산관리능력, 물적자원관리능력, 인적자원관리능력
문제해결능력	사고력, 문제처리능력
정보능력	컴퓨터 활용능력, 정보처리능력
조직이해능력	국제감각, 조직 체제 이해능력, 경영이해능력, 업무이해능력
수리능력	기초연산능력, 기초통계능력, 도표분석능력, 도표작성능력
자기개발능력	자아인식능력, 자기관리능력, 경력개발능력
대인관계능력	팀웍능력, 리더십능력, 갈등관리능력, 협상능력, 고객서비스능력
기술능력	기술이해능력, 기술선택능력, 기술적용능력
직업윤리	근로윤리, 공동체윤리

자원관리능력

자원관리능력 개념

- 자원 : 기업 활동을 위해 사용되는 기업 내의 모든 시간, 예산, 물적·인적자원을 의미
- 자원관리능력 : 직업생활에서 시간, 예산, 물적자원, 인적자원 등의 자원 가운데 무엇이 얼마나 필요한지를 확인하고, 사용할 수 있는 자원을 최대한 확보하여 실제 업무에 어떻게 활용할 것인지에 대한 계획을 수립하고, 계획에 따라 업무 수행에 이를 할당하는 능력

시간관리능력	직업생활에서 필요한 시간자원을 확인하고, 사용할 수 있는 시간자원을 최대한 확보하여 실제 업무에 어떻게 활용할 것인지에 대한 시간계획을 수립한 뒤, 이에 따라 할당하는 능력
예산관리능력	직업생활에서 필요한 예산을 확인하고, 사용할 수 있는 예산을 최대한 확보하여 실제 업무에 어떻게 집행할 것인지에 대한 예산계획을 수립한 뒤, 이에 따라 예산을 효율적으로 집행하여 관리하는 능력
물적자원관리능력	직업생활에서 필요한 물적자원을 확인하고, 사용할 수 있는 물적자원을 최대한 확보하여 실제 업무에 어떻게 활용할 것인지에 대한 계획을 수립한 뒤, 이에 따라 물적자원을 효율적으로 활용하여 관리하는 능력
인적자원관리능력	직업생활에서 필요한 인적자원(근로자의 기술, 능력, 업무 등)을 파악하고, 동원할 수 있는 인적자원을 최대한 확보하여 실제 업무에 어떻게 배치할 것인지에 대한 계획을 수립한 뒤, 이에 따른 인적자원을 효율적으로 배치하여 관리하는 능력

NCS 문제 유형

모듈형

- 모듈이론의 개념과 이를 응용한 문제로 구성되어 있는 문제 유형
- 이론과 암기가 필요한 문제 유형
- 모듈형 문제 유형 예시

---

01 다음 중 자원낭비의 요인으로 적절하지 않은 것은?

① 비계획적 행동　　　　　　　　　　② 편리성 추구
③ 노하우 부족　　　　　　　　　　　④ 소통의 부족
⑤ 인식 부재

PSAT형(피셋형)

- PSAT(Public Service Aptitude Test)형은 공공서비스 정성 검사의 형태로 공직에서의 업무 수행능력을 평가
- 암기보다는 이해가 더 필요한 문제 유형
- PSAT형 문제 유형 예시

01 K회사에는 이번 달에 있을 정기 회의를 위해서 세미나실을 대여하려고 한다. A회사 정기회의 세부일정과 세미나실 정보를 참고하여 A회사가 세미나실 대여료로 지불해야 할 금액으로 가장 적절한 것은?

〈A회사 정기회의 세부일정〉

일시	2022년 12월 18일
주제	2023년 사업계획
참여인원	65명
예산	700,000원

〈세미나실 정보〉

세미나실	수용가능	인원 비용	비고
A	70명	650,000원	12월 예약 시 10% 할인
B	80명	720,000원	2일 이상 예약 시 20% 할인
C	60명	400,000원	–
D	100명	900,000원	11월 예약 시 10% 할인

① 720,000원   ② 650,000원
③ 613,000원   ④ 585,000원
⑤ 452,000원

피듈형

- PSAT형과 모듈형이 결합되어 있는 유형
- 모듈이론을 기반으로 PSAT형의 논리적 사고력을 필요로 하는 문제 유형
- 최근 출제되는 유형
- 피듈형 문제 유형 예시

01 다음 대화 내용을 참고하여 회의시간을 정할 때, 가장 적절한 것은?(단, 회의는 업무시간인 09:00~18:00에 행해야 하며, 점심시간인 12:00~13:00에는 할 수 없다.)

이 대리 : 이번에 맡은 프로젝트와 관련하여 긴급히 보고드릴 사항이 있습니다. 내일 한 시간 정도 회의를 진행하려 하는데, 스케줄이 어떻게 되십니까?
박 차장 : 나는 11시부터 1시간 동안 차장급 회의가 있어요.
김 사원 : 저는 오전까지 출장 보고서와 서류를 제출해야 하는데, 10시까지는 마무리 될 것 같습니다.
윤 과장 : 난 내일 오전 반차라 점심시간 이후에 가능해요.
최 주임 : 저는 내일 오후 3시부터 5시까지 외부 미팅이 잡혀 있습니다.
정 사원 : 저는 점심시간 후 1시부터 3시까지 시장 조사 자료를 정리할 계획입니다.
박 차장 : 아참! 난 외부업체 대표와 저녁 약속 때문에 5시에는 사무실을 나서야 해요.
이 대리 : 모든 분들께 반드시 알려야 할 사항이니, 아무래도 스케줄 조정이 필요할 것 같습니다.

① 김 사원의 스케줄을 미루고 오전 9시부터 회의를 진행한다.
② 정 사원의 자료 정리를 1시간 미루고 1시부터 회의를 진행한다.
③ 최 주임의 미팅 시간을 앞당겨 4시부터 회의를 진행한다.
④ 박 차장을 제외하고 나머지 사람들만 오후 5시부터 회의를 진행한다.
⑤ 이 대리가 임의로 스케줄을 조정하여 3시부터 회의를 진행한다.

이 책의 구성과 특징

NCS의 기초! 모듈형 익히기

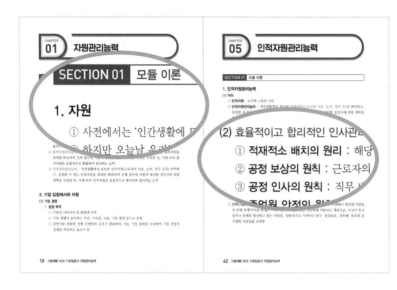

- NCS의 기초가 되는 모듈 이론과 모듈형 문제를 하위 능력별로 정리하였습니다.
- 중요한 부분은 '별색' 처리 하여 한눈에 습득할 수 있도록 하였습니다.

유형별 학습으로 대비

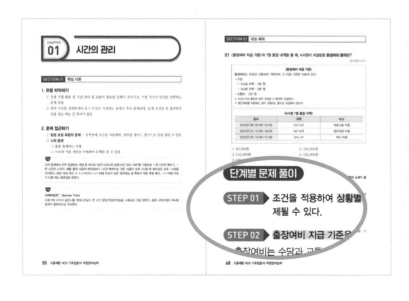

- 유형별로 핵심 이론+대표 예제+출제 예상 문제를 수록하여 모든 유형에 대비할 수 있도록 하였습니다.
- 최신 공기업 기출문제를 대표예제로 선택하였고 단계별 문제 풀이를 수록하여 문제에 더욱 쉽게 접근하고 빠르게 해결하는 방법을 파악할 수 있도록 하였습니다.

실전처럼 풀어보는 모의고사

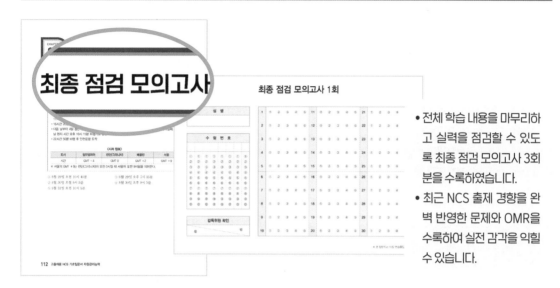

- 전체 학습 내용을 마무리하고 실력을 점검할 수 있도록 최종 점검 모의고사 3회분을 수록하였습니다.
- 최근 NCS 출제 경향을 완벽 반영한 문제와 OMR을 수록하여 실전 감각을 익힐 수 있습니다.

학습 효과 UP! 상세한 정답 및 해설

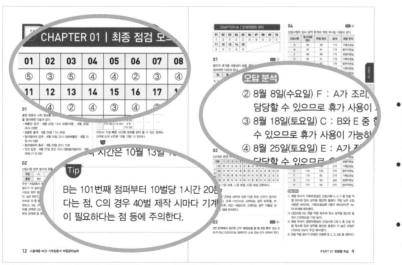

- 쉽고 빠른 정답 확인을 위해 정답 박스를 수록하였습니다.
- 학습에 도움이 되도록 상세한 해설과 오답 분석을 수록하였습니다.
- 해설의 이해를 돕는 Tip을 수록하였습니다.

목차

문제편

PART 01 모듈형

CHAPTER 01 | 자원관리능력   10
CHAPTER 02 | 시간관리능력   18
CHAPTER 03 | 예산관리능력   26
CHAPTER 04 | 물적자원관리능력   35
CHAPTER 05 | 인적자원관리능력   42

PART 02 유형별 학습

CHAPTER 01 | 시간의 관리   50
CHAPTER 02 | 예산의 관리   67
CHAPTER 03 | 물적자원의 관리   82
CHAPTER 04 | 인적자원의 관리   97

PART 03 최종 점검 모의고사

CHAPTER 01 | 최종 점검 모의고사 1회   112
CHAPTER 02 | 최종 점검 모의고사 2회   133
CHAPTER 03 | 최종 점검 모의고사 3회   154

해설편

PART 01 유형별 학습

CHAPTER 01 | 시간의 관리   2
CHAPTER 02 | 예산의 관리   5
CHAPTER 03 | 물적자원의 관리   7
CHAPTER 04 | 인적자원의 관리   9

PART 02 최종 점검 모의고사

CHAPTER 01 | 최종 점검 모의고사 1회   12
CHAPTER 02 | 최종 점검 모의고사 2회   16
CHAPTER 03 | 최종 점검 모의고사 3회   20

모듈형

PART 01

CHAPTER 01 자원관리능력

CHAPTER 02 시간관리능력

CHAPTER 03 예산관리능력

CHAPTER 04 물적자원관리능력

CHAPTER 05 인적자원관리능력

자원관리능력

SECTION 01 모듈 이론

1. 자원

① 사전에서는 '인간생활에 도움이 되는 자연계의 일부'라고 정의

② 하지만 오늘날 우리는 자연자원만을 자원이라고 하지 않음

③ **유한성** : 자원이 가진 공통적인 특징으로, 자원의 효과적인 확보·유지·활용이 매우 중요

④ **자원관리능력** : 시간관리능력, 예산관리능력, 물적자원관리능력, 인적자원관리능력

   ㉠ 시간관리능력 : 직업생활에서 필요한 시간자원을 확인하고, 사용할 수 있는 시간자원을 최대한 확보하여 실제 업무에 어떻게 활용할 것인지에 대한 시간계획을 수립한 뒤, 이에 따라 할당하는 능력

   ㉡ 예산관리능력 : 직업생활에서 필요한 예산을 확인하고, 사용할 수 있는 예산을 최대한 확보하여 실제 업무에 어떻게 집행할 것인지에 대한 예산계획을 수립한 뒤, 이에 따라 예산을 효율적으로 집행하여 관리하는 능력

   ㉢ 물적자원관리능력 : 직업생활에서 필요한 물적자원을 확인하고, 사용할 수 있는 물적자원을 최대한 확보하여 실제 업무에 어떻게 활용할 것인지에 대한 계획을 수립한 뒤, 이에 따라 물적자원을 효율적으로 활용하여 관리하는 능력

   ㉣ 인적자원관리능력 : 직업생활에서 필요한 인적자원(근로자의 기술, 능력, 업무 등)을 파악하고, 동원할 수 있는 인적자원을 최대한 확보하여 실제 업무에 어떻게 배치할 것인지에 대한 계획을 수립한 뒤, 이에 따라 인적자원을 효율적으로 배치하여 관리하는 능력

2. 기업 입장에서의 자원

(1) 기업 경영

① **경영 목적**

   ㉠ 기업이 나아가야 할 방향과 목적

   ㉡ 기업 전체가 공유하는 비전, 가치관, 사훈, 기본 방침 등으로 표현

   ㉢ 경영자를 포함한 전체 구성원의 공유가 필요하며, 이는 기업 문화를 조성하여 기업 경영의 성패를 좌우하는 요소가 됨

② 인적자원
- ㉠ 기업 경영 목적을 달성하기 위한 조직의 구성원
- ㉡ 기업 경영은 조직 구성원들의 역량과 직무 수행에 기초하여 이루어지기 때문에 인적자원의 선발, 배치 및 활용이 중요

③ **자금**
- ㉠ 기업 경영에 필요한 돈을 의미
- ㉡ 기업의 경영 목표를 달성하는 데 필요한 활동은 자금에 의해 수행되고, 확보되는 자금 정도에 따라 기업 경영의 방향과 범위가 정해짐

④ **전략**
- ㉠ 기업 경영의 목적을 달성하기 위해 기업 내 모든 자원을 조직화하기 위한 일련의 방침 및 활동
- ㉡ 조직의 목적에 따라 전략 목표를 설정하고, 조직 내외부의 환경 분석을 통해 도출
- ㉢ 경영 목적, 인적자원, 자금을 충분히 갖추었다 하더라도 이를 효과적으로 운용할 있는 경영 전략이 없다면 경쟁에서 이길 수 없음

(2) 기업의 자원
① 기업 활동을 위해 사용되는 기업 내의 모든 시간, 예산, 물적 · 인적자원을 의미
② 과거에는 제품 생산에 이용되는 원료로서 천연자원이 가장 중요한 자원으로 인식되었으나, 최근 무한 경쟁의 시대에서는 시간이나 예산이 가장 중요한 자원 중 하나로 인식됨
③ 역량 있는 인적자원을 보유했는지의 여부가 기업의 경쟁력을 가늠하는 지표가 됨
④ 점차 기업 활동의 자원은 더 높은 성과를 내고, 경쟁 우위의 발판이 될 수 있는 노동력이나 기술을 통틀어 이르는 말로 변화

3. 자원 낭비 요인

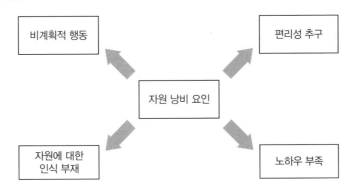

(1) 비계획적 행동
① 자원을 어떻게 활용할 것인가에 대한 계획이 없는 사람의 경우, 계획 없이 충동적이고 즉흥적으로 행동하기 때문에 자신이 활용할 수 있는 자원들을 낭비하게 됨
② 계획적인 사람은 자신의 목표치가 있어 이를 만족시키기 위해 노력하는 반면, 비계획적인 사람은 목표치가 없기 때문에 얼마나 낭비하는지조차 파악하지 못함

(2) 편리성 추구

① 자원을 활용할 때 자신의 편리함을 최우선적으로 추구하기 때문에 나타나는 현상 **예** 종이컵과 같은 일회용품의 잦은 사용, 할 일 미루기, 약속 불이행

② 물적자원뿐 아니라 시간과 돈의 낭비를 초래할 수 있으며, 주위의 인맥까지도 줄어들게 만듦

(3) 자원에 대한 인식 부재

① 자원에 대한 인식 부재는 자원을 물적자원에 국한하여 생각하기 때문에 자신이 가지고 있는 중요한 자원을 인식하지 못하는 것을 의미함

② 이러한 경우 무의식적으로 중요한 자원을 낭비하게 됨

(4) 노하우 부족

① 자원관리의 중요성을 인식하면서도 자원관리에 대한 경험이나 노하우가 부족하여 효과적인 방법을 활용할 줄 모르는 사람들이 많음

② 이 경우 자원관리에 실패한 경험을 통해 노하우를 축적해 나갈 수 있으며, 별도의 학습을 통해서도 극복이 가능

4. 효과적인 자원관리 과정

필요한 자원의 종류와 양 확인 → 이용 가능한 자원 수집하기 → 자원 활용 계획 세우기 → 계획대로 수행하기

(1) 필요한 자원의 종류와 양 확인

① 업무를 추진할 때 어떤 자원이 필요하며, 또 얼마만큼 필요한지를 파악하는 단계

② 자원의 종류는 크게 시간과 예산, 물적자원, 인적자원으로 나뉘지만 실세 업무 수행에서는 이보다 더 구체적으로 나눌 필요가 있음

③ 구체적으로 어떤 활동을 할 것이며, 이 활동에 어느 정도의 시간과 돈, 물적·인적자원이 필요한지를 파악

(2) 이용 가능한 자원 수집하기

① 필요한 자원의 종류와 양을 파악하였다면, 실제 상황에서 그 자원을 확보해야 함

② 실제 준비나 활동을 할 때 계획과 차이를 보이는 경우가 빈번하기 때문에 수집 시 가능하다면 필요한 양보다 좀 더 여유 있게 확보하는 것이 좋음

(3) 자원 활용 계획 세우기

① 필요한 자원을 확보하였다면 그 자원을 실제 필요한 업무에 할당하여 계획을 세워야 함

② 중요한 것은 업무나 활동의 우선순위를 고려하는 것

③ 최종적인 목적을 이루는 데 가장 핵심이 되는 것에 우선순위를 두고 계획을 세울 필요가 있음

④ 만약 확보한 자원이 실제 활동 추진에 비해 부족할 경우 우선순위가 높은 것에 중심을 두고 계획하는 것이 바람직함

(4) 계획대로 수행하기

① 업무 추진의 단계로서 계획에 맞게 업무를 수행해야 하는 단계

② 많은 사람들이 계획은 별도이며, 그때그때 상황에 맞춰서 업무를 수행하면 된다고 생각함

③ 물론 계획에 얽매일 필요는 없지만 최대한 계획대로 수행하는 것이 바람직함. 불가피하게 계획을 수정해야 하는 경우에는 전체 계획에 미칠 수 있는 영향을 고려해야 함

01 〈보기〉는 자원을 효과적으로 활용하기 위한 일반적인 과정을 나열한 것이다. 순서대로 바르게 나열한 것은?

> **보기**
>
> ㉠ 실제 이용 가능한 자원 수집 및 확보
> ㉡ 자원 활용 계획에 따라 확보한 자원 활용
> ㉢ 확보한 자원에 대한 활용 계획 수립
> ㉣ 요구되는 자원의 종류와 양 확인

① ㉠ → ㉢ → ㉡ → ㉣   ② ㉡ → ㉠ → ㉣ → ㉢
③ ㉢ → ㉡ → ㉠ → ㉣   ④ ㉣ → ㉠ → ㉢ → ㉡
⑤ ㉣ → ㉡ → ㉠ → ㉢

정답 | ④
해설 | 자원을 효과적으로 활용하기 위한 과정은 자원 확인(요구되는 자원의 종류와 양 확인) → 자원 확보(실제 이용 가능한 자원 수집 및 확보) → 자원 활용 계획 수립(확보한 자원에 대한 활용 계획 수립) → 자원 활용(자원 활용 계획에 따라 확보한 자원 활용)의 순서로 이루어진다.

02 다음에서 설명하는 자원의 낭비 요인으로 적절한 것은?

> • 습관적인 일회용품 사용
> • 할 일 미루기
> • 주위 사람들과 약속 지키지 않기

① 노하우 부족   ② 비계획적 행동
③ 편리성 추구   ④ 자원에 대한 인식 부재
⑤ 비협조적인 태도

정답 | ③
해설 | 제시된 내용은 자원을 활용하는 데 자신의 편리함을 최우선으로 추구하기 때문에 나타나는 현상이다.

03 다음 중 자원 낭비의 요인으로 적절하지 않은 것은?

① 비계획적 행동　　　　　　　　② 편리성 추구

③ 노하우 부족　　　　　　　　　④ 소통의 부족

⑤ 인식 부재

정답 │ ④

해설 │ 자원 낭비의 요인은 비계획적 행동, 편리성 추구, 자원에 대한 인식 부재, 노하우 부족으로 총 4가지이다.
　　　• 비계획적 행동 : 자원을 어떻게 활용할 것인가에 대한 계획이 없기 때문에 나타난다.
　　　• 편리성 추구 : 자원을 활용할 때 자신의 편리함을 최우선적으로 추구하기 때문에 나타난다.
　　　• 자원에 대한 인식 부재 : 자신이 가지고 있는 중요한 자원을 인식하지 못하기 때문에 나타난다.
　　　• 노하우 부족 : 자원관리의 중요성을 인식하면서도 효과적인 방법을 활용할 줄 모르기 때문에 나타난다.

PART 01

PART 02

PART 03

04 다음 중 기업 경영의 4요소에 포함되지 않는 것은?

① 경영 목적　　　　　　　　　　② 인적자원

③ 자금　　　　　　　　　　　　④ 시스템

⑤ 전략

정답 │ ④

해설 │ 경영은 경영 목적, 인적자원, 자금, 전략의 4요소로 구성된다.

기업 경영의 4요소
• 경영 목적 : 조직의 목적을 달성하기 위한 방법이나 과정
• 인적자원 : 조직의 구성원. 인적자원의 배치와 활용
• 자금 : 경영활동에 요구되는 돈. 경영의 방향과 범위 한정
• 경영전략 : 변화하는 환경에 적응하기 위한 경영활동 체계화

05 다음 중 자원관리에 대한 설명으로 옳지 않은 것은?

① 필요한 자원의 종류와 양을 구체적으로 확인해야 한다.

② 필요한 만큼의 자원만 확보하면 된다.

③ 자원 활용 계획을 세우면서 우선순위를 고려한다.

④ 가능하면 계획대로 수행한다.

⑤ 실제 필요한 업무에 할당하여 계획을 세워야 한다.

정답 │ ②

해설 │ 자원을 확보할 때는 실제 수행상에서의 차이 발생에 대비하여 여유 있게 확보하는 것이 바람직하다.

06 자원관리능력에 대한 설명으로 옳은 것은?

① 기업의 자원은 무한하므로 비계획적으로 편리성을 추구하며 사용해도 된다.

② 물적자원을 효과적으로 관리하면 경제적 손실을 가져온다.

③ 효과적인 인력 배치를 위해 개개인이 원하는 대로 따라준다.

④ 한 가지 유형의 자원이 없다면 다른 유형의 자원 확보도 어려울 수 있다.

⑤ 예산관리에는 활동이나 사업에 소용되는 비용을 산정하고 예산을 편성하는 것만 포함된다.

정답 | ④

해설 | 오답 분석

① 자원이 가진 공통적인 특징은 유한성이므로, 자원의 효과적인 확보·유지·활용이 매우 중요하다.

② 물적자원을 효과적으로 관리하면 경쟁력이 향상되고, 과제 및 사업의 성공을 가져온다. 하지만 물적자원의 관리가 부족하면 경제적 손실과 과제 및 사업의 실패가 따른다.

③ 효과적으로 인력을 배치하기 위해서는 개개인을 적재적소주의, 능력주의, 균형주의에 따라 팀의 효율성을 높이기 위한 위치에 배치해야 한다.

⑤ 예산관리에는 활동이나 사업에 소요되는 비용을 산정하고 예산을 편성하는 것뿐만 아니라 통제하는 것까지 포함된다.

> **Tip**
> • 적재적소주의 : 팀의 효율성을 높이기 위해 팀원의 능력이나 성격 등을 고려해 가장 적합한 위치에 배치하고 개개인의 능력을 최대로 발휘해 줄 것을 기대함
> • 능력주의 : 개인에게 능력을 발휘할 수 있는 기회와 장소를 부여하고 그 성과를 평가하며 평가된 능력과 실적에 대해 그에 상응하는 보상을 줌
> • 균형주의 : 팀 전체의 적재적소를 고려하여 전체와 개체가 균형을 이루도록 함

07 〈보기〉가 설명하는 자원의 종류는 무엇인가?

> **보기**
> 기업 경영 목적을 달성하기 위한 조직의 구성원으로, 기업 경영은 조직 구성원들의 역량과 직무 수행에 기초하여 이루어지기 때문에 이 자원의 선발, 배치 및 활용이 중요하다.

① 시간   ② 예산

③ 능력   ④ 물적자원

⑤ 인적자원

정답 | ⑤

해설 | 인적자원은 기업 경영 목적을 달성하기 위한 조직의 구성원으로, 기업 경영은 조직 구성원들의 역량과 직무 수행에 기초하여 이루어지기 때문에 인적자원의 선발, 배치 및 활용이 중요하다.

08 〈보기〉에서 설명하는 자원 낭비 요인은 무엇인가?

> 자원을 어떻게 활용할 것인가에 대한 계획이 없는 사람들이 많다. 계획 없이 충동적이고 즉흥적으로 행동하기 때문에 자신이 활용할 수 있는 자원들을 낭비하게 되는 경우가 많이 있다.

① 비계획적 행동   ② 편리성 추구
③ 자원에 대한 인식 부재   ④ 노하우 부족
⑤ 능동적인 태도

정답 │ ①
해설 │ 자원을 어떻게 활용할 것인가에 대한 계획이 없는 사람들이 많다. 즉, 계획 없이 충동적이고 즉흥적으로 행동하기 때문에 자신이 활용할 수 있는 자원들을 낭비하게 되는 경우이다. 계획적인 사람들의 경우 자신의 목표치가 있어 이를 만족시키려고 노력하는 반면, 비계획적인 사람은 목표치가 없기 때문에 얼마나 낭비하는지조차 파악하지 못한다.

09 〈보기〉에서 설명하는 자원의 관리과정은?

> **보기**
> 이 단계에서 중요한 점은 주어진 과제나 활동의 우선순위를 고려하여, 달성하고자 하는 최종 목적을 이루는 데 가장 핵심이 되는 것에 우선순위를 두고, 자원을 활용하는 계획을 세우는 것이다.

① 자원 확인   ② 자원 확보
③ 자원 활용 계획 수립   ④ 자원 활용
⑤ 자원 확보 계획 수립

정답 │ ③
해설 │ 자원 활용 계획 수립 단계에서는 과제나 활동의 우선순위를 고려하여 달성하고자 하는 최종 목적을 이루는 데 가장 핵심이 되는 것에 우선순위를 두고 자원을 활용하는 계획을 세운다.

10 기업 경영의 구성요소 중 〈보기〉의 설명에 해당하는 요소로 가장 적절한 것은?

> **보기**
> 조직의 목적을 달성하기 위해 기업 내 모든 자원을 조직화하는 일련의 방침 및 활동

① 자금   ② 전략
③ 경영 목적   ④ 인적자원
⑤ 물적자원

정답 │ ②
해설 │ 전략은 기업 경영의 목적 달성을 위해 기업 내 모든 자원을 조직화하기 위한 일련의 방침 및 활동이다.

시간관리능력

1. 시간관리능력

(1) 의미

직업생활에서 필요한 시간자원을 파악하고, 사용할 수 있는 시간자원을 최대한 확보하여, 실제 업무에 어떻게 활용할 것인지에 대한 시간계획을 수립한 뒤, 이에 따라 할당하는 능력

(2) 특성

① 시간은 매일 주어지는 기적
② 시간은 똑같은 속도로 흐름
③ 시간의 흐름은 멈추게 할 수 없음
④ 시간은 빌리거나 저축할 수 없음
⑤ 시간은 어떻게 사용하느냐에 따라 가치가 달라짐
⑥ 시간은 시절에 따라 밀도도 다르고 가치도 다름

2. 시간 단축 효과

시간 단축 → 생산성 향상 / 가격 인상 / 위험 감소 / 시장 점유율 증가

3. 시간관리를 해야 하는 이유

① 스트레스가 줄어듦
② 균형적인 삶을 살 수 있음
③ 생산성을 높일 수 있음
④ 내가 바라던 목표를 달성할 수 있음

4. 시간 낭비 요인

(1) 외적 시간 낭비 요인

① 외부인이나 외부에서 일어나는 시간에 의한 것

② 동료, 가족, 세일즈맨, 고객들, 문서, 교통 혼잡 등

③ 본인이 스스로 조절하기 어려움

(2) 내적 시간 낭비 요인

① 자신의 내부에 있는 습관

② 일정을 연기하는 것, 사회활동, 계획의 부족, 거절하지 못하는 우유부단함, 혼란한 생각 등

③ 분명히 하기도 어렵고 정복하기도 어려움

(3) 직장에서 발생할 수 있는 시간 낭비 요인

• 목적이 불명확함 • 여러 가지 일을 한 번에 많이 다룸 • 1일 계획이 불충분함 • 서류 정리를 하거나 서류를 숙독 • 불필요한 스마트폰이나 컴퓨터 사용 • 조정 부족, 팀워크의 부족 • 예정 외의 방문자가 많음 • 불완전한 정보, 정보의 지연 • 일을 끝내지 않고 남겨둠 • 긴 회의 • 커뮤니케이션의 부족 또는 결여 • 일을 느긋하게 하는 성격 • 기다리는 시간이 많음 • 권한 위양을 충분히 하지 않음	• 우선순위가 없이 일을 함 • 장래의 일에 도움이 되지 않는 일을 함 • 게으른 성격, 책상 위는 항상 번잡함 • 부적당한 파일링 시스템 • 일에 대한 의욕 부족, 무관심 • 전화를 너무 많이 함 • 'No'라고 말하지 못하는 성격 • 극기심의 결여 • 소음이나 주의를 흩트리는 경우 • 회의나 타협에 대한 준비 불충분 • 잡담이 많음 • 모든 것에 대해 사실을 알고 싶어 함 • 초조하고 성질이 급함 • 권한 위양한 일에 대한 부적절한 관리

(4) 시간관리에 대한 오해

① 대부분의 사람들이 시간관리가 무엇이며, 그것이 어떤 효과를 가져오는지에 대해 잘못된 인식을 갖고 있음 **예** '시간관리는 상식에 불가하다'. '나는 시간에 쫓지면 일을 더 잘하는데', '나는 약속을 표시해 둔 달력과 해야 할 일에 대한 목록만으로 충분하다', '시간관리 자체는 유용할지 모르나 창의적인 일을 하는 나에게는 잘 맞지 않는다' 등

② 어떤 일을 할 때 마감 기한에 대한 관념보다는 결과의 질을 더 중요하게 생각하는 경향이 있지만 어떤 일이든 기한을 넘기면 인정을 받기 어려움

5. SMART 법칙

① 목표를 설정하고 그 목표를 성공적으로 달성하기 위해 꼭 필요한 필수 요건

② SMART 법칙에 따른 목표 설정

S(Specific) 구체적으로	목표를 구체적으로 작성한다.
M(Measurable) 측정 가능하도록	수치화, 객관화시켜서 측정이 가능한 척도를 세운다.
A(Action-oriented) 행동 지향적으로	사고 및 생각에 그치는 것이 아닌 행동을 중심으로 목표를 세운다.
R(Realistic) 현실성 있게	실현 가능한 목표를 세운다.
T(Time limited) 시간적 제약이 있게	목표를 설정함에 있어 제한 시간을 둔다.

6. 효과적인 시간계획 작성 순서

(1) 명확한 목표를 설정하기

① 한정된 시간을 효율적으로 활용하기 위해서는 먼저 분명한 목표가 필요

② 목표를 명확하게 설정하는 것은 시간 관리의 첫걸음

(2) 일의 우선순위 정하기

① 일반적으로 일이 가진 중요성과 긴급성을 바탕으로 구분

② 일의 우선순위 판단을 위한 매트릭스

구분	긴급함	긴급하지 않음
중요함	I 긴급하면서 중요한 일 • 위기상황 • 급박한 문제 • 기간이 정해진 프로젝트	II 긴급하지 않지만 중요한 일 • 예방 생산 능력 활동 • 인간관계 구축 • 새로운 기회 발굴 • 중장기 계획, 오락
중요하지 않음	III 긴급하지만 중요하지 않은 일 • 잠깐의 급한 질문 • 일부 보고서 및 회의 • 눈앞의 급박한 상황 • 인기 있는 활동 등	IV 긴급하지 않고 중요하지 않은 일 • 바쁜 일, 하찮은 일 • 우편물, 전화 • 시간 낭비 거리 • 즐거운 활동 등

(3) 예상 소요 시간 결정하기

① 우선순위가 결정되었다면 각각의 할 일에 소요되는 예상 시간을 결정하는 것이 필요

② 모든 일마다 자세한 계산을 할 필요는 없지만 규모가 크거나 힘든 일을 해야 할 때는 정확한 소요 시간을 계산하여 결정하는 것이 효과적

(4) 시간계획서 작성하기

① 앞서 도출한 해야 할 일의 우선순위와 소요 시간을 바탕으로 시간계획서를 작성하는 단계

② 간단한 서식에 직접 작성할 수 있으며, 경우에 따라서는 개인의 성향에 따라 달력이나 다이어리, 일정 관리 소프트웨어, 개인 휴대 단말기 등 다양한 도구를 활용할 수 있음

7. 시간계획의 기본 원리

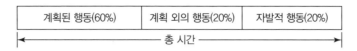

계획된 행동(60%)	계획 외의 행동(20%)	자발적 행동(20%)

총 시간

8. 효과적인 시간계획을 위한 유의 사항

① **행동과 시간/저해 요인의 분석** : 어디에서 어떻게 시간을 사용하고 있는가를 확인

② **일 · 행동의 리스트(list)화** : 해당 기간에 예정된 행동을 모두 리스트화

③ **규칙성 – 일관성** : 시간계획을 정기적 · 체계적으로 체크하여 일관성 있게 마무리

④ **현실적인 계획** : 무리한 계획을 세우지 말고, 실현 가능한 것만을 계획

⑤ **유연성** : 시간계획은 유연하게 하여야 함. 시간계획 자체가 중요한 것이 아니고, 목표 달성을 위해 필요한 것임을 인식

⑥ **시간의 손실** : 발생된 시간 손실은 미루지 않고 가능한 즉시 보상해야 함

⑦ **기록** : 체크리스트나 스케줄표를 사용하여 계획을 반드시 기록하고 전체 상황을 파악

⑧ **미완료의 일** : 꼭 해야만 할 일을 끝내지 못했을 경우, 차기 계획에 반영

⑨ **성과** : 예정 행동만을 계획하는 것이 아니라 기대되는 성과나 행동의 목표도 기록

⑩ **시간 프레임(Time Frame)** : 적절한 시간 프레임을 설정하고 특정의 일을 하는 데 소요되는 꼭 필요한 시간만을 계획에 삽입

⑪ **우선순위** : 여러 일 중에서 어느 일을 가장 우선적으로 처리해야 할 것인가를 결정

⑫ **권한 위양(Delegation)** : 기업의 규모가 커질수록 업무활동이 점점 복잡해져서 관리자가 모든 것을 다스리기가 어렵기 때문에 자신의 사무를 분할하여 일부를 부하에게 위임하고 그 수행 책임을 지움. 권한 위양은 조직을 탄력성 있게 운용할 수 있게 해주고, 조직을 구성하는 사람들의 근로 의욕을 높여 주는 등의 효과가 있으며, 경영 조직 원칙의 하나로 꼽히고 있음

⑬ **시간의 낭비 요인과 여유 시간** : 예상치 못한 방문객 접대, 전화 등의 사건으로 예정된 시간이 부족할 경우를 대비하여 여유 시간 확보

⑭ **여유 시간** : 자유롭게 된 시간(이동시간 또는 기다리는 시간)도 계획에 삽입하여 활용

⑮ **정리 시간** : 중요한 일에는 좀 더 시간을 할애하고 그렇지 않은 일에는 시간을 단축시켜 전체적인 계획을 정리

⑯ **시간 계획의 조정** : 본인 외 다른 사람(비서, 부하, 상사)의 시간 계획을 감안하여 계획 수립

01 시간계획 수립 시 유의 사항에 관한 설명으로 옳지 않은 것은?

① 시간계획을 정기적으로 확인하여 일관성 있게 일을 마칠 수 있도록 한다.

② 자기 외의 다른 사람의 일정을 감안하여 계획을 수립한다.

③ 예정된 행동만을 계획하는 것이 아니라 기대되는 성과나 행동의 목표도 기록한다.

④ 발생된 시간 낭비는 가능한 즉시 메워야 하며 밤을 새우더라도 밀린 업무를 수행한다.

⑤ 유연하게 계획을 수립해야 한다.

정답 | ④
해설 | 업무를 미루지 않고 일정과 시간을 잘 분배하여 주어진 기간 내에 마무리하는 것이 중요하다.

02 다음 중 효과적인 시간계획 순서를 바르게 나열한 것은?

> ㄱ. 일의 우선순위 정하기
> ㄴ. 시간계획서 작성
> ㄷ. 예상 소요 시간 결정
> ㄹ. 명확한 목표 설정

① ㄱ – ㄹ – ㄴ – ㄷ   ② ㄴ – ㄹ – ㄱ – ㄷ

③ ㄷ – ㄴ – ㄹ – ㄱ   ④ ㄹ – ㄴ – ㄱ – ㄷ

⑤ ㄹ – ㄱ – ㄷ – ㄴ

정답 | ⑤
해설 | 효과적인 시간계획을 세우기 위한 올바른 순서는 '명확한 목표 설정–일의 우선순위 정하기–예상 소요 시간 결정–시간계획서 작성'이다.

03 다음 중 외적 시간 낭비 요인이 아닌 것은?

① 세일즈맨   ② 교통 혼잡

③ 계획 부족   ④ 고객

⑤ 동료

정답 | ③
해설 | 계획 부족은 내적 시간 낭비 요인에 해당된다. 나머지는 모두 외적 시간 낭비 요인이다.

04 기업의 입장에서 작업 소요 시간의 감축 효과로 옳지 않은 것은?

① 가격 인상   ② 생산성 향상
③ 위험 감소   ④ 시장 점유율 증가
⑤ 효율성 감소

정답 | ⑤
해설 | 기업의 입장에서 작업 소요 시간의 단축으로 인해 볼 수 있는 효과는 생산성 향상, 가격 인상, 위험 감소, 시장 점유율 증가가 있다.

05 시간 낭비의 요인 중 외적인 시간 낭비 요인으로 볼 수 있는 것을 〈보기〉에서 모두 고르면?

> **보기**
>
> ㉠ 교통 혼잡
> ㉡ 고객의 방문으로 인한 면담
> ㉢ 거절하지 못하는 우유부단함
> ㉣ 충분히 소화할 수 있는 일정의 연기
> ㉤ 계획의 부족

① ㉠, ㉡   ② ㉠, ㉢, ㉤
③ ㉡, ㉣   ④ ㉢, ㉣, ㉤
⑤ ㉣, ㉤

정답 | ①
해설 | 외적인 시간 낭비 요인은 외부인이나 외부에서 일어나는 사건에 의한 것으로 ㉠과 ㉡이 이에 해당된다. 즉, 동료, 가족, 세일즈맨, 고객들, 문서, 교통 혼잡 등에 의한 것으로, 이러한 측면은 본인 스스로 조절할 수 없다.

06 시간을 효과적으로 관리함으로써 얻을 수 있는 효과로 적절한 것을 〈보기〉에서 모두 고르면?

> **보기**
>
> ㉠ 스트레스 감소   ㉡ 균형적인 삶   ㉢ 목표 달성
> ㉣ 일 중독   ㉤ 시간 파괴

① ㉠, ㉡   ② ㉠, ㉡, ㉢
③ ㉡, ㉢, ㉣   ④ ㉢, ㉣, ㉤
⑤ ㉣, ㉤

정답 | ②
해설 | 시간을 효과적으로 관리하면 스트레스 감소, 균형적인 삶, 생산성 향상, 목표 달성의 효과를 가질 수 있다.

07 다음은 시간계획의 기본 원리를 나타낸 것이다. 관련 설명으로 옳지 않은 것은?

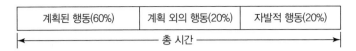

계획된 행동(60%)	계획 외의 행동(20%)	자발적 행동(20%)

← ———————— 총 시간 ———————— →

① 계획 외의 행동은 예정 외의 행동에 대비한 시간이다.
② 자발적 행동은 창조성을 발휘하는 시간이라고 볼 수 있다.
③ 자신에게 주어진 시간 중 60%는 계획된 행동을 하여야 한다는 것을 의미한다.
④ 자신에게 주어진 모든 시간을 계획적으로 사용하는 것은 충분히 가능한 일임을 알 수 있다.
⑤ 시간 계획의 기본 원리는 60:40이다.

정답 | ④
해설 | 시간 계획의 기본 원리는 60:40으로 계획된 행동(60%), 계획 외의 행동(20%, 예정 외의 행동에 대비한 시간), 자발적 행동(20%, 창조성을 발휘하는 시간)의 세 가지 범주로 구분하는 것이다. 특히 자신이 가진 시간의 60%는 예측하지 못한 사태와 일의 중단(낭비 시간의 발생 요인), 개인적으로 흥미를 가지는 것과 개인적인 일 등에 대응할 수 있도록 계획한다.

08 다음 중 시간관리능력에 대한 설명으로 옳지 않은 것은?

① 명확한 목표 설정 → 시간계획서 작성 → 일의 우선순위 정하기 → 예상 소요 시간 결정 순으로 효과적인 시간계획을 작성할 수 있다.
② 시간 낭비의 요인은 외적 시간 낭비 요인과 내적 시간 낭비 요인으로 구분한다.
③ 시간 감축의 효과로 생산성 향상, 가격 인상, 위험 감소, 시장 점유율 증가 등이 나타난다.
④ 스트레스 관리, 균형적인 삶, 생산성 향상, 목표 성취 등 삶의 여러 가지 문제를 개선하기 위해 시간관리를 한다.
⑤ 한정된 시간을 효율적으로 활용하기 위해서는 먼저 분명한 목표가 필요하다.

정답 | ①
해설 | 효과적인 시간계획을 작성하기 위해서는 명확한 목표 설정 → 일의 우선순위 정하기 → 예상 소요 시간 결정 → 시간계획서 작성 순으로 해야 한다.

> **오답 분석**
> ② 시간 낭비의 요인은 외적 시간 낭비 요인과 내적 시간 낭비 요인으로 구분된다. 외적 시간 낭비 요인에는 동료, 가족, 고객, 교통 혼잡 등이 있고, 내적 시간 낭비 요인으로는 일정 연기, 사회활동, 계획 부족 등이 있다.
> ③ 시간 감축의 효과에는 생산성 향상, 가격 인상, 위험 감소, 시장 점유율 증가가 있다.
> ④ 시간관리의 목적은 스트레스 관리, 균형적인 삶, 생산성 향상, 목표 성취 등 삶의 여러 가지 문제를 개선하는 데 있다.
> ⑤ 목표를 명확하게 설정하는 것은 한정된 시간을 효율적으로 활용하기 위한 시간 관리의 첫걸음이다.

09 다음 중 시간 낭비 요인이 아닌 것은?

① 거절하지 못하는 성격　　　　　　　② 비효율적인 파일링 시스템
③ 일에 대한 열정과 관심　　　　　　　④ 여러 가지 일을 한 번에 다룸
⑤ 1일 계획이 불충분함

정답 | ③
해설 | 일에 대한 의욕이 부족하거나 무관심한 경우 시간 낭비 요인에 해당한다.

10 귀하는 K공단 기획예산팀에 근무한다. 어느 날 팀장이 귀하에게 예산기획서를 담당하고 있는 후배를 가르쳐 주라는 지시를 내렸다. 이 일은 내일까지 끝내야 하지만 후배는 아직 업무 수행 능력이 부족하여 내일까지 끝내기에는 어려움이 예상된다. 하지만 귀하는 매월 정기적으로 보고해야 하는 결산 보고서를 내일까지 회계팀에 제출해 달라는 요청을 받은 상태로, 이 업무만으로도 내일까지 시간이 부족한 상황이다. 팀장은 타 팀의 업무 협조보다 자신의 팀 업무를 무조건 우선하여 처리할 것을 강조한다고 할 때, 귀하의 대처로 가장 적절한 것은?

① 후배에게 궁금한 사항들을 리스트화하도록 시키고, 그 리스트 목록에 따라 코칭한다. 그리고 긴급하게 내일까지 마무리되어야 하는 자신의 업무를 수행한다.
② 현재 자신의 상황에 대해서 어떻게 우선순위를 두어야 할지 후배와 팀장에게 이야기를 하고 논의한다.
③ 또 다른 팀 동료에게 결산업무를 끝내기 위한 지원을 요청하고, 업무 수행 능력이 부족한 후배가 자신의 충고에 따라 업무를 제대로 수행했는지에 대해 재검토한다.
④ 자신이 업무로 바빠 부득이하게 도와줄 수 없는 것을 후배에게 이해시키고, 후배가 직접 팀장에게 다른 사람을 투입시켜 달라고 요청하라고 한다.
⑤ 팀장이 타 팀 업무 협조보다 자신의 팀 내 업무를 무조건 하라고 하였지만 타 팀과의 교류를 위해 타 팀 업무 협조를 우선시한다.

정답 | ①
해설 | 긴급성과 중요도에 따라서 우선순위를 명확히 하였으며, 시간 내에 두 가지 업무를 완료하기 위한 방안을 제시한 ①이 정답이다.

CHAPTER 03 예산관리능력

1. 예산관리능력

(1) 의미

① 예산

　㉠ 필요한 비용을 미리 헤아려 계산함. 또는 그 비용

　㉡ 넓은 범위에서 민간기업 · 공공단체 및 기타 조직은 물론 개인의 수입 · 지출에 관한 것도 포함

② 예산관리능력

　㉠ 직업생활에서 필요한 예산을 확인하고, 사용할 수 있는 예산을 최대한 확보하여 실제 업무에 어떻게 집행할 것인지에 대한 예산계획을 수립한 뒤, 이에 따라 예산을 효율적으로 집행하여 관리하는 능력

　㉡ 이용 가능한 예산을 확인하고 어떻게 사용할 것인지 계획하여 그 계획대로 사용하는 능력을 의미하며, 최소의 비용으로 최대의 효과를 얻기 위해 요구되는 능력

　㉢ 무조건 비용을 적게 들이는 것이 좋은 것은 아님에 주의

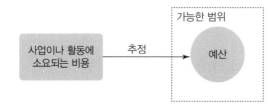

> **Tip**
>
> 기업에서 개발 사업과 관련된 예산을 책정할 때 개발 책정 비용을 실제보다 높게 책정하면 경쟁력을 잃어버리게 되고, 반대로 낮게 책정하면 개발 자체가 이익을 주는 것이 아니라 오히려 적자를 발생시키는 경우가 발생할 수 있다. 따라서 실제비용과 가장 비슷하게 책정하는 것이 바람직하다.

(2) 예산 책정

(3) 예산관리

    ① **의미** : 활동이나 사업에 소요되는 비용을 산정하고 예산을 편성하는 것뿐만 아니라 예산을 통제하는 것을 모두 포함하는 과정

    ② **구성**

        ㉠ 예산 통제

        ㉡ 비용 산정

        ㉢ 예산 편성

2. 예산

(1) 직접비용

    ① **의미** : 제품 생산 또는 서비스를 창출하기 위해 직접 소비된 것으로 여겨지는 비용

    ② **구성**

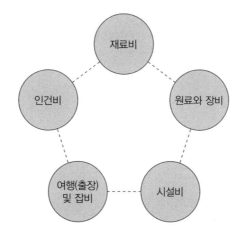

    ㉠ 재료비 : 제품의 제조를 위하여 구매된 재료에 대하여 지출한 비용

    ㉡ 원료와 장비비 : 제품을 제조하는 과정에서 소모된 원료나 필요한 장비에 지출한 비용. 이 비용에는 실제 구매된 비용이나 혹은 임대한 비용이 모두 포함됨

    ㉢ 시설비 : 제품을 효과적으로 제조하기 위한 목적으로 건설되거나 구매된 시설에 지출한 비용

    ㉣ 여행(출장)비 및 잡비 : 제품 생산 또는 서비스를 창출하기 위해 출장이나 타지역으로의 이동이 필요한 경우와 기타 과제 수행상에서 발생하는 다양한 비용을 포함

    ㉤ 인건비 : 제품 생산 또는 서비스 창출을 위한 업무를 수행하는 사람들에게 지급되는 비용. 계약에 의해 고용된 외부 인력에 대한 비용도 인건비에 포함. 일반적으로 인건비는 전체 비용 중 가장 큰 비중을 차지

(2) 간접비용

    ① **의미** : 제품을 생산하거나 서비스를 창출하기 위해 소비된 비용 중에서 직접비용을 제외한 비용으로, 제품 생산에 직접 관련되지 않은 비용

    ② 과제에 따라 매우 다양하며 과제가 수행되는 상황에 따라서도 다양하게 나타날 수 있음

    ③ **구성** : 보험료, 건물관리비, 광고비, 통신비, 사무비품비, 각종 공과금 등

Tip

예산서의 예시

프로젝트 예산서(예시)		
비목	금액	세목
① 인건비	40,200,000원	1) 프로젝트 책임자(1명) : 3,000,000원×3월×1명=9,000,000원 2) 프로젝트 조원(4명) : 2,600,000원×3월×4명=31,200,000원
② 직접비	12,050,000원	1) 장비 및 재료비 • 분석 프로그램 구입비 : 1,050,000원 • 컴퓨터 구입비 : 3,000,000원 • 시제품 제작비 : 2,500,000원 2) 프로젝트 활동비 • 기술정보활동비 : 2,500,000원 • 유의물 및 보고서 인쇄비 : 500,000원 3) 프로젝트 추진비 • 회의비 : 1,000,000원 • 사무용품 구입비 : 1,500,000원
③ 간접비	5,620,000원	일반관리비 : 5,620,000원
계(①+②+③)	57,870,000원	

3. 예산관리 절차

필요한 과업 및 활동 구명 ➡ 우선순위 결정 ➡ 예산 배정

① **필요한 과업 및 활동 구명** : 과업세부도를 활용하는 것이 효과적이며, 과업세부도는 과제 및 활동 계획을 수립할 때 가장 기본적인 수단이 됨

② **우선순위 결정**

　　㉠ 경우에 따라 과제를 수행하기 위해 모든 활동이나 과업을 수행하기 어려울 수 있으며, 이런 경우 상대적인 중요도를 고려하여 우선순위를 반영하는 것이 효과적

　　㉡ 과제에서 핵심적인 활동과 부수적인 활동을 고려하여, 예산 여건이 되지 않는 경우 핵심 활동 위주로 예산을 편성할 것

③ **예산 배정** : 과업세부도와 예산을 매치시키는 것이 효과적

Tip
예산관리를 효과적으로 하기 위해서는 무엇보다 예산의 계획 및 집행에 대한 지속적인 관심이 중요하며, 또한 자신만의 예산관리 노하우를 개발하는 것이 효과적이다.

01 예산은 직접비용과 간접비용으로 구분된다. 다음 중 속하는 비용이 다른 하나는?

① 재료비　　　　　　　　　　② 광고비

③ 시설비　　　　　　　　　　④ 인건비

⑤ 출장비

정답 | ②

해설 | 직접비용은 제품 생산 또는 서비스를 창출하기 위해 직접 소비된 것으로 여겨지는 비용으로서 재료비, 원료와 장비비, 시설비, 출장비 및 잡비, 인건비가 이에 해당한다. 간접비용은 제품 생산 또는 서비스 창출을 위해 소비된 비용 중에서 직접비용을 제외한 비용으로 보험료, 건물관리비, 광고비, 통신비, 사무비품비, 각종 공과금 등이 이에 해당한다.

02 다음 중 직접비용에 해당하는 것만을 〈보기〉에서 모두 고르면?

> **보기**
>
> ㉠ 컴퓨터 구입비　　　　　　　㉡ 보험료
> ㉢ 건물관리비　　　　　　　　㉣ 광고비
> ㉤ 통신비　　　　　　　　　　㉥ 빔프로젝터 대여료
> ㉦ 인건비　　　　　　　　　　㉧ 출장 교통비

① ㉠, ㉢, ㉤　　　　　　　　② ㉡, ㉣, ㉧

③ ㉠, ㉥, ㉦, ㉧　　　　　　④ ㉡, ㉢, ㉣, ㉤

⑤ ㉡, ㉣, ㉦, ㉧

정답 | ③

해설 | 직접비용은 간접비용에 상대되는 용어로서, 제품 생산 또는 서비스를 창출하기 위해 직접 소비된 것으로 여겨지는 비용을 말한다. 보다 구체적으로는 재료비, 원료와 장비 구입비, 시설비, 출장 및 잡비, 인건비를 지칭한다. 따라서 〈보기〉 중 직접비용에 해당하는 것은 ㉠ 컴퓨터 구입비, ㉥ 빔프로젝터 대여료, ㉦ 인건비, ㉧ 출장 교통비이다.

03 다음은 과제나 프로젝트 수행 시 예산을 관리하기 위한 예산 집행 실적 워크시트이다. ㉠×㉡의 값으로 옳은 것은?

예산 집행 실적

항 목	배정액	당월 지출액	누적 지출액	잔액	사용률(%)	비 고
당월 시재	200,000		50,000	㉠	㉡	비품 구입
합 계						

① 37,000　　　　　　　　　　② 37,500

③ 38,000　　　　　　　　　　④ 38,500

⑤ 39,000

정답 | ②
해설 | • 잔액＝배정액−누적 지출액＝200,000−50,000＝150,000

  • 사용률＝$\dfrac{\text{누적 지출액}}{\text{배정액}}×100＝\dfrac{50,000}{200,000}×100＝25\%$

  ㉠×㉡＝150,000×0.25＝37,500

04 귀하는 본사 총무팀에서 비품 조달을 담당한다. 3사분기 전사 비품 보급 계획을 수립하라는 팀장의 지시를 받아 수요 조사와 보급 계획을 세워 요약 및 보고하였다. 보고서를 읽어본 팀장은 업무 지도 차원에서 이런저런 지적을 하였다. 다음 팀장의 지적 중 귀하가 받아들이기에 적절하지 않은 것은?

① "어떤 것이 얼마만큼 필요한지 구체적으로 조사를 해야지."
② "현업 부서에서 10개가 필요하다고 하면 10개를 준비해야지."
③ "예산은 한정돼 있는데, 우선순위를 잘 따져야지."
④ "일단 계획을 세웠으면 계획대로 실행에 옮길 생각을 해야지."
⑤ "예산이 한정돼 있으므로 핵심 업무 위주로 예산을 편성해야지"

정답 | ②
해설 | 비품 조달 업무를 담당하고 있는 사람은 현업 부서에서 수요 조사를 한 후 일괄 구매해서 보급하는데, 이때 준비하는 수량은 현업 부서에서 필요로 하는 것보다 약간 여유를 둬야 한다.

05 다음 〈보기〉의 예산 구성 요소 중 간접비용에 해당하는 것만을 모두 고르면?

보기
⊙ 인건비   ⓒ 사무 비품비   ⓒ 시설비
ⓔ 각종 공과금   ⓜ 보험료   ⓗ 출장 및 잡비

① ⊙, ⓒ, ⓔ   ② ⓒ, ⓜ, ⓗ
③ ⓒ, ⓔ, ⓜ   ④ ⓒ, ⓔ, ⓗ
⑤ ⓔ, ⓜ, ⓗ

정답 | ③
해설 | 간접비용은 과제 수행을 위해 소비된 비용 중 직접 비용을 제외한 비용으로 보험료, 건물 관리비, 광고비, 통신
비, 사무 비품비, 각종 공과금 등이 있다. 반면 직접비용이란 제품 또는 서비스를 창출하기 위해 직접 소비된
비용을 일컫는 말로 재료비, 시설비, 출장비 및 잡비, 인건비 등이 해당된다.

06 다음은 생일파티를 계획하고 준비하는 단계를 나타낸 그림이다. 이에 대한 설명으로 옳은 것을
〈보기〉에서 모두 고르면?

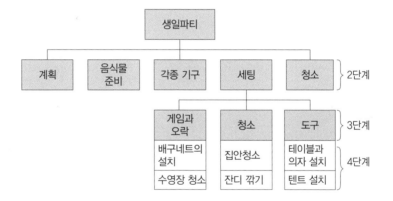

보기
⊙ 위와 같은 그림을 과업세부도라고 한다.
ⓒ 구체성에 따라 2단계, 3단계, 4단계 등으로 구분한다.
ⓒ 과제 및 활동의 계획을 수립하는 데 있어서 가장 기본적인 수단으로 활용된다.
ⓔ 과제를 수행함에 있어서 필요한 모든 일들을 중요한 범주에 따라 체계화시켜 구분한다.

① ⓒ, ⓒ   ② ⊙, ⓒ, ⓒ
③ ⊙, ⓒ, ⓔ   ④ ⓒ, ⓒ, ⓔ
⑤ ⊙, ⓒ, ⓒ, ⓔ

정답 | ⑤
해설 | 과제를 수행함에 있어서 필요한 활동을 구명할 때 과업세부도를 활용하면 효과적이다. 과업세부도는 과제 및
활동의 계획을 수립하는 데 가장 기본적인 수단으로 활용되며, 필요한 모든 일들을 중요한 범주에 따라 체계
화시켜 구분한 도식이다. 과업세부도는 구체성에 따라 2단계, 3단계, 4단계 등으로 구분할 수 있다.

07 귀하는 홍보실에서 근무하고 있으며 실장이 귀하에게 "우리 홍보실도 예산관리를 잘 알 필요가 있다."며 예산관리 교육을 다녀오라고 하였다. 첫 교육 시간에 재무팀에서 온 직원들이 예산에 대해서 대화를 나누는 상황을 마주하고 있다. 빈칸에 들어갈 D사원이 할 수 있는 말로 가장 적절한 것은?

> A사원 : 예산은 그 사전적 의미로 보았을 때, 필요한 비용을 미리 헤아려 계산하는 것이나, 그 비용을 의미합니다. 넓은 범위에서 민간기업, 공공단체 및 기타 조직체는 물론이고 개인의 수익 지출에 관한 것도 포함된다고 볼 수 있죠.
> B사원 : 우리가 예산 관리를 하지 않으면 안 되는 이유는 예산의 유한성에서 비롯된다고 볼 수 있습니다. 하나의 사업이나 활동을 하기 위해 필요한 비용을 미리 계산하는 것을 예산이라 할 수 있지만, 대부분은 정해진 예산 범위 내에서 그 계획을 세우게 되는 것 아닐까요?
> C사원 : 그렇습니다. 이렇듯 어떤 활동을 하든 간에 활동에 지불할 수 있는 비용은 제한되기 마련이며, 적은 돈으로 최대의 효과를 내는 것이 중요하다고 생각합니다.
> D사원 : (   )

① "여기서 중요한 것은 무조건 비용을 적게 들이는 것이 좋은 것은 아닙니다. 예를 들면~"

② "맞습니다. 그러니까 예산은 전년도에 비해 총액이 감소할 수 있도록 편성을 잘해야 합니다. 예를 들면~"

③ "예산은 유한하기 때문에 그 해를 넘기기 전에 소진해야 한다고 봅니다. 예를 들면~"

④ "그러니까, 책정 비용은 실제 비용보다 낮게 잡아야 한다는 것이지요. 예를 들면~"

⑤ "하지만 예산은 많으면 많을수록 좋으니까 실제 비용보다 무조건 높게 잡는 것이 좋습니다. 예를 들면~"

정답 | ①

해설 | 예산 관리에 있어서 무조건 비용을 적게 들이는 것이 좋은 것은 아니다. 예를 들어 기업에서 제품을 개발한다고 할 때, 개발 책정 비용을 실제보다 높게 책정하면 경쟁력을 잃어버리게 되고, 반대로 낮게 책정하면 개발 자체가 이익을 주는 것이 아니라 오히려 적자가 나는 경우가 발생할 수 있다. 따라서 책정 비용과 실제 비용이 비슷한 상태가 되도록 차이를 줄이는 것이 가장 이상적인 상태라고 할 수 있다.

08 개발에 필요한 예산을 다음과 같이 책정하였을 때, 발생할 수 있는 효과로 바르게 짝지어진 것은?

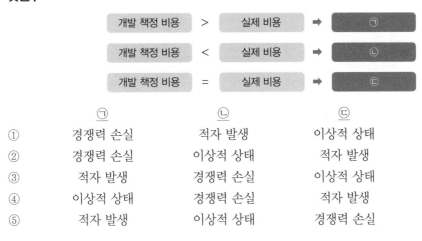

	㉠	㉡	㉢
①	경쟁력 손실	적자 발생	이상적 상태
②	경쟁력 손실	이상적 상태	적자 발생
③	적자 발생	경쟁력 손실	이상적 상태
④	이상적 상태	경쟁력 손실	적자 발생
⑤	적자 발생	이상적 상태	경쟁력 손실

정답 | ①

해설 | 개발 책정 비용을 실제보다 높게 책정하면 경쟁력을 손실하고, 반대로 낮게 책정하면 개발 자체가 이익을 주는 것이 아니라 오히려 적자를 발생시킨다. 따라서 책정 비용과 실제 비용이 비슷한 상태가 되도록 차이를 줄이는 것이 가장 이상적인 상태라고 할 수 있다.

09 〈보기〉에 대한 설명으로 옳은 것은?

> **보기**
>
> 재료비, 인건비, 원료와 장비비, 시설비, 여행(출장)비 및 잡비

① 예산의 구성 요소 중 간접비용에 해당된다.
② 인건비는 전체 예산 중 일반적으로 가장 많은 비중을 차지한다.
③ 제품을 생산하거나 서비스를 창출하는 데 직접 관련되지 않는 비용이다.
④ 보험료, 건물관리비, 광고비, 통신비, 사무비품비 등은 시설비에 포함된다.
⑤ 원료와 장비비에는 제품의 제조를 위하여 구매된 재료에 대하여 지출된 비용이 포함된다.

정답 | ②

해설 | 〈보기〉는 직접비용이다. 직접비용은 제품을 생산하거나 서비스를 창출하는 데 직접 관련된 비용이다. 재료비는 제품의 제조를 위하여 구매된 재료에 대하여 지출된 비용이며 인건비는 제품 생산 또는 서비스를 창출을 위한 업무를 수행하는 사람들에게 지급되는 비용이다. 이때 계약에 의해 고용된 외부 인력에 대한 비용도 인건비에 포함되며, 일반적으로 인건비는 전체 비용 중 가장 큰 비중을 차지한다.

10 예산관리능력에 대한 설명으로 옳지 않은 것은?

① 예산을 수립하고 집행하는 모든 일이 예산관리이다.

② 예산은 일반적으로 직접비용과 간접비용으로 구분된다.

③ 최소의 비용으로 최대의 효과를 얻기 위해 요구되는 능력이다.

④ 예산관리에서 중요한 점은 무조건 적은 비용을 들여야 한다는 것이다.

⑤ 예산은 한정되어 있기 때문에 정해진 시간을 얼마나 효율적으로 사용하느냐는 중요한 문제이다.

정답 ┊ ④

해설 ┊ 예산 관리에서 무조건 적은 비용을 들이는 것이 좋은 것은 아니다.

물적자원관리능력

SECTION 01 | 모듈 이론

1. 물적자원관리능력

(1) 의미

① 직업생활에서 필요한 물적자원을 확인하고 사용할 수 있는 물적자원을 최대한 확보하여 실제 업무에 어떻게 활용할 것인지에 대한 계획을 수립한 뒤 이에 따라 물적자원을 효율적으로 활용하여 관리하는 능력

② 산업의 고도화와 함께 매우 다양한 물적자원들이 활용되고 있으며, 이를 필요한 시기와 장소에 적절히 활용하는 것이 매우 중요

(2) 구분

① **자연자원** : 자연 상태 있는 그대로의 자원 **예** 석유, 석탄, 나무 등
② **인공자원** : 사람들이 인위적으로 가공하여 만든 물적자원 **예** 시설, 장비 등

2. 물적자원관리 효과

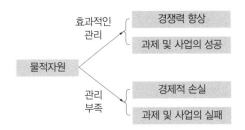

① **필요한 물건이 없을 경우** : 필요한 물건을 구해야 하기 때문에 경제적 손실이 일어나고 이로 인해 과제나 사업의 실패를 야기할 수 있음
② **긴급하거나 위험한 상황** : 복구 작업 시 필요한 장비가 부족하거나 관리가 제대로 되지 않아 필요한 상황에 적절한 물적자원이 공급되지 않는다면 그로 인한 손실은 매우 큼
③ **개인의 물적자원** : 자신이 보유하고 있는 물적자원을 잘 관리한다면 꼭 필요한 상황에서 이를 활용할 수 있으며, 그렇지 않다면 물적자원을 확보하는 데 많은 시간을 보내게 됨

3. 물적자원 활용의 방해 요인

① **보관 장소를 파악하지 못하는 경우** : 물적자원이 필요한 상황에 적시에 공급되지 않고 시간이 지체되면 적정한 수준의 효과를 거둘 수 없음

② **훼손된 경우** : 물품을 활용하고자 할 때 훼손되어 활용할 수 없다면 난관에 봉착하게 되고, 물품을 새로 구입해야 하는 경제적 손실을 입을 수 있음

③ **분실한 경우** : 다시 구입하지 않으면 활용할 수 없으므로 훼손된 경우와 마찬가지로 경제적인 손실을 가져올 수 있음

4. 효과적인 물적자원관리 과정

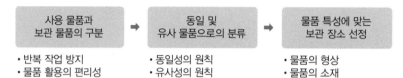

① **사용 물품과 보관 물품의 구분**
- ㉠ 물품을 정리하고 보관하고자 할 때, 해당 물품을 앞으로 계속 사용할 것인지, 그렇지 않은지를 구분하는 것이 먼저 이루어져야 함
- ㉡ 그렇지 않을 경우 가까운 시일 내에 활용하게 될 물품을 창고나 박스 등에 넣어두었다가 다시 꺼내야 하는 경우가 발생하게 됨

② **동일 및 유사 물품으로의 분류** : 보관의 원칙 중 동일성과 유사성의 원칙에 따르며, 찾는 시간을 단축할 수 있음
- ㉠ 동일성의 원칙 : 같은 품종은 같은 장소에 보관
- ㉡ 유사성의 원칙 : 유사품은 인접한 장소에 보관

③ **물품의 특성에 맞는 보관 장소 선정** : 일괄적으로 같은 장소에 보관하기보다는 개별 물품의 특성을 고려하여 보관 장소를 선정

Tip

분명한 활용 목적 없이 구입한 물품의 경우 관리에 소홀해지기 쉬우며, 이로 인해 실제 필요한 상황에서 제대로 활용하지 못하게 되는 경우가 발생한다.

Tip

회전대응 보관의 원칙
- 입·출하의 빈도가 높은 품목은 출입구 가까운 곳에 보관함
- 물품의 활용 빈도가 상대적으론 높은 것은 가져다 쓰기 쉬운 위치에 먼저 보관함

---

5. 물적자원관리 기법

(1) 종류

① **바코드** : 컴퓨터가 쉽게 판독하고 데이터를 빠르게 입력하기 위하여 굵기가 다른 검은 막대와 하얀 막대를 조합하여 문자나 숫자를 코드화한 것

② **QR 코드(Quick Response Code)** : 흑백 격자무늬 패턴으로 정보를 나타내는 매트릭스 형식의 바코드로, 기존 바코드가 용량 제한에 따라 가격과 상품명 등 한정된 정보만 담는 데 비해 QR 코드는 넉넉한 용량을 강점으로 다양한 정보를 담을 수 있음

(2) 물품의 기호화

① 동일성과 유사성의 원칙을 기반으로 대분류, 중분류, 소분류로 정리

② **장 · 단점**

ㄱ 장점 : 보유 물품의 종류와 위치를 쉽게 파악 가능

ㄴ 단점 : 지속적인 목록 작성과 물품 확인이 필요

01 2분기 프로젝트를 맡게 된 A부서는 예산을 책정받아 프로젝트 개발에 필요한 기자재를 구입 · 운용하고자 한다. 이때 고려해야 할 사항으로 옳지 않은 것은?

① 구매하려는 기자재의 활용 및 구입의 목적을 명확히 한다.

② 구입 후 기자재의 분실 및 훼손을 방지하기 위해 책임관리자를 지정한다.

③ 적절한 장소에 보관하여 기자재가 필요할 때 적재적소에 활용될 수 있도록 한다.

④ 예산을 기한 내에 모두 집행하기 위해 향후 필요할 것으로 예상되는 기자재도 일단 구입한다.

⑤ 기자재 보관 장소를 신속하게 파악할 수 있도록 명확히 한다.

정답 | ④

해설 | 물적 자원의 경우 구입 과정에서 활용 및 구입의 목적을 명확히 하고, 구입한 물품이 분실 및 훼손되지 않게 관리하며, 적절한 장소에 보관하여 물품이 필요할 때 적재적소에 활용될 수 있도록 해야 한다.

02 다음 중 물적 자원을 효과적으로 관리하기 위한 방법에 해당하는 것은?

① 나중을 대비해 가능한 많은 자원을 확보해 둔다.

② 사용 물품과 보관 물품을 같이 보관한다.

③ 때에 따라 물품의 보관 장소를 수시로 변경한다.

④ 물품의 외형과 소재가 같은 것끼리 모아 둔다.

⑤ 가까운 시일 내에 활용하게 될 물품을 창고나 박스 등에 넣어둔다.

정답 | ④

해설 | 물품의 외형과 소재가 동일하거나 유사한 물품끼리 모아 두면 효과적으로 관리할 수 있다.

> **오답 분석**
> ① 필요 이상으로 너무 많은 자원을 확보해 두지 않도록 한다.
> ② 사용 물품과 보관 물품은 따로 구분하여 보관한다.
> ③ 물품 특성에 맞는 보관 장소를 선정하여 일정하게 보관한다.
> ⑤ 가까운 시일 내에 활용하게 될 물품을 창고나 박스 등에 넣어두면 다시 꺼내야 하는 경우가 발생하게 된다.

03 물품의 효과적인 관리를 위한 물적자원관리 순서로 옳은 것은?

① 사용 물품과 보관 물품의 구분 → 물품 특성에 맞는 보관 장소 선정 → 동일 및 유사 물품으로의 분류

② 사용 물품과 보관 물품의 구분 → 동일 및 유사 물품으로의 분류 → 물품 특성에 맞는 보관 장소 선정

③ 동일 및 유사 물품으로의 분류 → 물품 특성에 맞는 보관 장소 선정 → 사용 물품과 보관 물품의 구분

④ 동일 및 유사 물품으로의 분류 → 사용 물품과 보관 물품의 구분 → 물품 특성에 맞는 보관 장소 선정

⑤ 물품 특성에 맞는 보관 장소 선정 → 사용 물품과 보관 물품의 구분 → 동일 및 유사 물품으로의 분류

정답 | ②

해설 | 물품의 효과적인 관리를 위해서는 '사용 물품과 보관 물품의 구분 → 동일 및 유사 물품으로의 분류 → 물품 특성에 맞는 보관 장소 선정'의 순서대로 물적자원을 관리해야 한다.

04 다음에서 설명하는 물품보관의 원칙은?

- 입·출하의 빈도가 높은 품목은 출입구와 가까운 곳에 보관한다.
- 물품의 활용 빈도가 상대적으로 높은 것은 가져다 쓰기 쉬운 위치에 먼저 보관한다.

① 높이 쌓기의 원칙 　　　　　　　② 중량 특성의 원칙
③ 형상 특성의 원칙 　　　　　　　④ 회전 대응 보관의 법칙
⑤ 동일성 – 유사성의 원칙

정답 | ④

해설 | 회전 대응 보관의 원칙은 입·출하의 빈도가 높은 품목을 출입구 가까운 곳에 보관하는 것을 말한다. 즉, 물품의 활용 빈도가 상대적으로 높은 것은 가져다 쓰기 쉬운 위치에 먼저 보관하는 것을 말한다.

05 다음 빈칸에 들어갈 말로 가장 적절한 것은?

> (   )은/는 문자나 숫자를 흑과 백의 막대 모양 기호로 조합한 것으로, 컴퓨터가 쉽게 판독하고 데이터를 빠르게 입력하기 위하여 쓰인다.

① 바코드　　　　　　　　　　　② QR 코드
③ RFID　　　　　　　　　　　　④ NFC
⑤ USN

정답 | ①
해설 | 바코드는 컴퓨터가 쉽게 판독하고 데이터를 빠르게 입력하기 위하여 굵기가 다른 검은 막대와 하얀 막대를 조합하여 문자나 숫자를 코드화한 것이다.

06 QR 코드에 대한 설명으로 옳지 않은 것은?

① 'Quick Response' 코드의 줄임말이다.
② 바코드에 비해 정보를 담을 수 있는 용량이 적다는 단점이 있다.
③ 가로, 세로를 활용하여 숫자는 최대 7,089자, 문자는 최대 4,296자, 한자도 최대 1,817자 정도를 기록할 수 있다.
④ 긴 문장의 인터넷 주소(URL)나 사진 및 동영상 정보, 지도 정보, 명함 정보 등을 모두 담을 수 있다.
⑤ 최근에는 기업의 중요한 홍보 · 마케팅 수단으로 통용되면서 온 · 오프라인에 걸쳐 폭넓게 활용되고 있다.

정답 | ②
해설 | 기존 바코드가 용량 제한에 따라 가격과 상품명 등 한정된 정보만 담는 데 비해 QR 코드는 넉넉한 용량을 강점으로 다양한 정보를 담을 수 있다.

07 〈보기〉 중 물적자원의 효과적인 관리로 얻을 수 있는 결과를 모두 고른 것은?

> **보기**
> ㄱ. 경쟁력 향상　　　　　　　　ㄴ. 과제 및 사업의 성공
> ㄷ. 경제적 손실　　　　　　　　ㄹ. 과제 및 사업의 실패

① ㄱ　　　　　　　　　　　　　② ㄱ, ㄴ
③ ㄴ, ㄷ　　　　　　　　　　　④ ㄴ, ㄹ
⑤ ㄷ, ㄹ

정답 | ②
해설 | 물적자원을 효과적으로 관리하면 경쟁력이 향상되고 과제 및 사업을 성공적으로 이끌 수 있지만 그렇지 않다면 경제적인 손실과 과제 및 사업의 실패가 일어날 수 있다.

08 다음은 물적자원의 종류를 분류해 놓은 것이다. 빈칸에 들어갈 말로 옳은 것은?

> • (㉠) : 자연 상태 있는 그대로의 자원 ⓔ 석유, 석탄, 나무 등
> • (㉡) : 사람들이 인위적으로 가공하여 만든 물적자원 ⓔ 시설, 장비 등

	㉠	㉡
①	자연자원	인공자원
②	인공자원	자연자원
③	관광자원	자연자원
④	천연자원	관광자원
⑤	수자원	광물자원

정답 | ①
해설 | • 자연자원 : 자연 상태 있는 그대로의 자원 ⓔ 석유, 석탄, 나무 등
　　　• 인공자원 : 사람들이 인위적으로 가공하여 만든 물적자원 ⓔ 시설, 장비 등

09 바코드에 대한 설명으로 옳은 것은?

① 굵기가 다른 검은 막대와 하얀 막대를 조합하여 문자나 숫자를 코드화한 것이다.
② 넉넉한 용량을 강점으로 다양한 정보를 담을 수 있다.
③ 극소형 칩에 상품정보를 저장하고 안테나를 달아 무선으로 데이터를 송신하는 장치이다.
④ 전자태그 중 하나이다.
⑤ 근거리 무선통신 기술이다.

정답 | ①
해설 | 바코드(bar code)는 컴퓨터가 쉽게 판독하고 데이터를 빠르게 입력하기 위하여 굵기가 다른 검은 막대와 하얀 막대를 조합하여 문자나 숫자를 코드화한 것이다.

10 물적 자원을 효과적으로 관리하기 위한 방법으로 적절하지 않은 것은?

① 사용품과 보관품을 구분하여 보관한다.
② 같은 품종은 같은 장소에, 유사 품종은 인접한 장소에 보관한다.
③ 유사한 물품은 일괄적으로 같은 장소에 보관한다.
④ 물품의 무게와 부피에 따라 보관 장소에 차이를 두어야 하는 경우도 있다.
⑤ 회전 대응 보관 원칙을 지키며 관리한다.

정답 | ③
해설 | 물품을 일괄적으로 같은 장소에 보관하는 것이 아니라, 개별 물품의 특성을 고려하여 보관 장소를 선정해야 한다.

CHAPTER 05 인적자원관리능력

SECTION 01 | 모듈 이론

1. 인적자원관리능력

(1) 의미
① **인적자원** : 조직에 고용된 사람
② **인적자원관리능력** : 직업생활에서 필요한 인적자원(근로자의 기술, 능력, 업무 등)을 파악하고, 동원할 수 있는 인적자원을 최대한 확보하여 실제 업무에 어떻게 배치할 것인지에 대한 계획을 수립하고, 이에 따른 인적자원을 효율적으로 배치하여 관리하는 능력

(2) 효율적이고 합리적인 인사관리 원칙
① **적재적소 배치의 원리** : 해당 직무 수행에 가장 적합한 인재를 배치해야 함
② **공정 보상의 원칙** : 근로자의 인권을 존중하고 공헌도에 따라 노동의 대가를 공정하게 지급해야 함
③ **공정 인사의 원칙** : 직무 배당, 승진, 상벌, 근무 성적의 평가, 임금 등을 공정하게 처리해야 함
④ **종업원 안정의 원칙** : 직장에서 신분이 보장되고 계속해서 근무할 수 있다는 믿음을 갖게 하여 근로자가 안정된 회사 생활을 할 수 있도록 해야 함
⑤ **창의력 계발의 원칙** : 근로자가 창의력을 발휘할 수 있도록 새로운 제안, 건의 등의 기회를 마련하고, 적절한 보상을 하여 인센티브를 제공해야 함
⑥ **단결의 원칙** : 직장 내에서 구성원들이 소외감을 갖지 않도록 배려하고, 서로 유대감을 가지고 협동, 단결하는 체제를 이루도록 함

2. 개인 차원에서의 인적자원관리
① 개인 차원에서의 인적자원자리는 인맥 관리를 의미
② 인맥(人脈, personal connections) : 사전적 의미로는 '정계, 재계, 학계 따위에서 형성된 사람들의 유대 관계'이지만 현재는 이에 국한하지 않고 모든 개인에게 적용되는 개념으로, 자신이 알고 있거나 관계를 형성하고 있는 사람들, 일반적으로 가족이나 친구, 직장동료, 선후배, 동호회 등 다양한 사람들을 포함함

③ 인맥관리의 중요성

취업	• 인맥을 통해 채용 정보 획득 • 인턴 근무를 통해 알게 된 인맥을 통해 취업
승진	• 원만한 인간관계에서 오늘 인맥을 통해 승진 기회 확대 • 승진의 경우 인맥은 성공의 네트워크
창업	• 인맥을 통해 창업 아이템, 장소 등의 정보 획득 • 창업의 경우 인맥은 핵심 조력자의 역할
고객	• 인맥을 통해 충실한 고객 확보 및 사업 확대 • 고객 확보의 경우 인맥은 사업의 발전 원동력

④ 인맥관리 방법
  ㉠ 명함관리
  ㉡ 인맥관리카드
  ㉢ 소셜네트워크(SNS)

명함의 가치
• 자신의 신분을 증명한다.
• 자신을 PR하는 도구로 사용할 수 있다.
• 개인의 정보를 전달한다.
• 개인의 정보를 얻을 수 있다.
• 대화의 실마리를 제공할 수 있다.
• 후속 교류를 위한 도구로 사용할 수 있다.

명함에 메모해 두면 좋은 정보
• 언제, 어디서, 무슨 일로 만났는지에 관한 내용
• 소개자의 이름
• 학력이나 경력
• 상대의 업무내용이나 취미, 기타 독특한 점
• 전근, 전직 등의 변동 사항
• 가족사항
• 거주지와 기타 연락처
• 대화를 나누고 나서의 느낀 점이나 성향

3. 조직 차원에서의 인적자원관리

① 기업체의 경우 인적자원에 대한 관리가 조직의 성과에 큰 영향을 미치는데, 이는 기업의 인적자원이 가지는 특성에서 비롯됨

② **기업의 인적자원이 가지는 특성**
  ㉠ 능동성
    • 인적자원에서 나타나는 성과는 인적자원의 욕구와 동기, 태도와 행동 그리고 만족감 여하에 따라 결정되며 인적자원의 행동 동기와 만족감은 경영관리에 의해 조건화됨

- 따라서 인적자원은 능동적이고 반응적인 성격을 지니고 있으며, 이를 잘 관리할 때 기업의 성과를 높일 수 있음
  - ㉡ 개발가능성
    - 인적자원은 자연적인 성장과 성숙은 물론 오랜 기간 동안에 걸쳐서 개발될 수 있는 많은 잠재능력과 자질을 보유하고 있다고 여겨짐
    - 개발가능성은 환경 변화와 이에 따른 조직 변화가 심할수록 현대조직의 인적자원관리에서 차지하는 중요성이 더욱 커짐
  - ㉢ 전략적 중요성 : 조직의 성과는 인적자원, 물적자원 등을 효과적이고 능률적으로 활용하는 데 달려 있으며, 이러한 자원을 활용하는 것이 바로 사람, 즉 인적자원이기 때문에 다른 어느 자원보다도 인적자원의 전략적 중요성이 강조됨

4. 효과적인 인력 관리

(1) 인력 배치 원칙

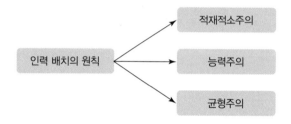

① **적재적소주의**
  - ㉠ 팀의 효율성을 높이고 팀원 개개인의 능력을 최대로 발휘해 줄 것을 기대하며 팀원을 그의 능력이나 성격 등과 가장 적합한 위치에 배치
  - ㉡ 적절한 배치는 작업이나 직무가 요구하는 요건과 개인이 보유하고 있는 조건이 서로 균형 있고, 적합하게 대응해야 함
② **능력주의**
  - ㉠ 개인에게 능력을 발휘할 수 있는 기회와 장소를 부여한 뒤 그 성과를 바르게 평가하고, 평가된 능력과 실적에 대해 상응하는 보상을 하는 원칙
  - ㉡ 능력은 개인이 가진 기존의 능력으로만 한정하지 않고, 미래에 개발 가능한 능력도 있기 때문에 이를 개발하고 양성하는 측면도 고려해야 함
③ **균형주의**
  - ㉠ 팀 전체의 적재적소를 고려
  - ㉡ 팀 전체와 개체가 균형을 이루어야 함

(2) 인력 배치 유형
① **양적 배치** : 부문의 작업량과 조업도, 여유 또는 부족 인원을 감안하여 소요 인원을 결정 및 배치하는 것
② **질적 배치** : 팀의 효율성을 높이기 위해 팀원을 그의 능력이나 성격 등과 가장 적합한 위치에 배치하는 것
③ **적성 배치** : 팀원의 적성 및 흥미에 따라 배치하는 것

01 다음에서 설명하는 효율적인 인사관리 원칙은?

> 직장 내에서 구성원들이 소외감을 갖지 않도록 배려하고, 서로 유대감을 가지고 협동, 단결하는 체제를 이루도록 함

① 단결의 원칙   ② 공정 보상의 원칙
③ 공정 인사의 원칙   ④ 종업원 안정의 원칙
⑤ 적재적소 배치의 원리

정답 | ①
해설 | 단결의 원칙은 직장 내에서 구성원들이 소외감을 갖지 않도록 배려하고, 서로 유대감을 가지고 협동, 단결하는 체제를 이루도록 하는 것이다.

> **오답 분석**
> ② 공정 보상의 원칙 : 근로자의 인권을 존중하고 공헌도에 따라 노동의 대가를 공정하게 지급함
> ③ 공정 인사의 원칙 : 직무 배당, 승진, 상벌, 근무 성적의 평가, 임금 등을 공정하게 처리함
> ④ 종업원 안정의 원칙 : 직장에서 신분이 보장되고 계속해서 근무할 수 있다는 믿음을 갖게 하여 근로자가 안정된 회사 생활을 할 수 있도록 함
> ⑤ 적재적소 배치의 원리 : 해당 직무 수행에 가장 적합한 인재를 배치해야 함

02 다음 중 효율적인 인력 배치에 관한 설명으로 옳지 않은 것은?

① 적재적소주의는 팀의 효율성을 높이기 위해 팀원의 능력이나 성격 등을 고려해서 가장 적합한 위치에 배치하는 것이다.
② 균형주의는 모든 팀원에 대한 평등한 적재적소를 고려할 필요가 있다는 것이다.
③ 능력주의는 미래의 잠재 능력만을 고려하여 개인에게 능력을 발휘할 수 있는 기회와 장소를 부여하는 것이다.
④ 적재적소주의는 팀원 개개인의 능력을 최대로 발휘해 줄 것을 기대하는 인력 배치이다.
⑤ 균형주의는 팀 전체와 개체가 균형을 이루어야 한다.

정답 | ③
해설 | 능력주의는 미래의 잠재 능력뿐만 아니라 현재의 능력도 함께 고려하는 것이다.

03 다음 중 명함에 대한 설명으로 옳지 않은 것은?

① 명함에 메모하는 것은 상대방에 대한 실례이다.

② 명함을 통해 대화의 실마리를 제공할 수 있다.

③ 명함은 후속 교류를 위한 도구로 사용할 수 있다.

④ 명함은 자신을 PR하는 도구로 사용할 수 있다.

⑤ 명함은 자신의 신분을 증명한다.

정답 | ①

해설 | 적극적인 의사소통의 도구로 활용하기 위해 명함에 미팅 내용, 소개자의 이름, 상대방의 학력이나 경력 등의 정보를 적어 두면 좋다.

04 다음 중 인맥 관리의 중요성으로 옳지 않은 것은?

① 각종 정보 획득과 해결책 도출

② 유사시 필요한 도움

③ 고객 확보 차원에서 결정적 역할

④ 물품 활용의 편리성

⑤ 창업 시 핵심 조력자의 역할

정답 | ④

해설 | 인맥 관리는 자신과 직접적인 관계에 놓인 핵심 인맥과 파생 인맥에 대한 관리를 말한다. 인맥 관리의 중요성으로는 각종 정보 획득과 해결책 도출, 유사시 필요한 도움, 취업, 승진, 창업, 고객 확보 차원에서 결정적 역할 등이 있다.

05 효율적이고 합리적인 인사 관리를 위한 원칙 중 〈보기〉의 ㉠과 ㉡에 해당하는 것을 바르게 연결한 것은?

> **보기**
>
> ㉠ 직장에서 신분이 보장되고 계속해서 근무할 수 있다는 믿음을 갖게 하여 근로자가 안정된 회사 생활을 할 수 있도록 함
> ㉡ 근로자의 인권을 존중하고 공헌도에 따라 노동의 대가를 공정하게 지급함

	㉠	㉡
①	단결의 원칙	공정 인사의 원칙
②	종업원 안정의 원칙	공정 보상의 원칙
③	공정 인사의 원칙	종업원 안정의 원칙
④	종업원 안정의 원칙	공정 인사의 원칙
⑤	종업원 안정의 원칙	단결의 원칙

정답 │ ②

해설 │ 종업원 안정의 원칙은 직장에서 신분이 보장되고 계속해서 근무할 수 있다는 믿음을 갖게 하여 근로자가 안정된 회사 생활을 할 수 있도록 하는 것이고, 공정 보상의 원칙은 근로자의 인권을 존중하고 공헌도에 따라 노동의 대가를 공정하게 지급하는 것이다. 따라서 ⊙은 종업원 안정의 원칙, ⓒ은 공정 보상의 원칙에 대한 설명이다.

06 〈보기〉 중 인적자원의 특성을 모두 고르면?

> **보기**
>
> ⊙ 능동성　　　　　　　　ⓒ 개발가능성
> ⓒ 무한성　　　　　　　　ⓔ 전략적 중요성

① ⊙

② ⓒ

③ ⊙, ⓒ

④ ⓒ, ⓒ

⑤ ⊙, ⓒ, ⓔ

정답 │ ⑤

해설 │ 인적자원의 특성으로는 능동성, 개발가능성, 전략적 중요성이 있다.
- 능동성 : 인적자원의 욕구와 동기, 태도와 행동 그리고 만족감이 어느 정도냐에 따라 성과가 결정되므로 능동적이고 반응적인 성격을 지닌다.
- 개발가능성 : 인적자원은 자연적인 성장과 성숙은 물론, 오랜 기간 동안에 걸쳐서 개발될 수 있는 많은 잠재능력과 자질을 보유하므로 환경 변화에 따른 조직 변화가 심할수록 그 중요성이 더욱 커진다.
- 전략적 중요성 : 조직의 성과는 효과적인 자원 활용에 달려 있는데, 자원을 활용하는 것이 바로 사람이므로 어느 자원보다도 중요하다.

07 다음 중 효율적인 인사관리 원칙에 대한 설명으로 옳지 않은 것은?

① 단결의 원칙 : 직장 내에서 구성원들이 소외감을 갖지 않도록 배려하고, 서로 유대감을 가지고 협동, 단결하는 체제를 이루도록 함

② 공정 보상의 원칙 : 근로자의 인권을 존중하고 공헌도에 따라 노동의 대가를 공정하게 지급

③ 적재적소 배치의 원칙 : 직무 배당, 승진, 상벌, 근무 성적의 평가, 임금 등을 공정하게 처리

④ 종업원 안정의 원칙 : 직장에서 신분이 보장되고 계속해서 근무할 수 있다는 믿음을 갖게 하여 근로자가 안정된 회사 생활을 할 수 있도록 함

⑤ 창의력 계발의 원칙 : 근로자가 창의력을 발휘할 수 있도록 새로운 제안, 건의 등의 기회를 마련하고, 적절한 보상을 하여 인센티브를 제공해야 함

정답 │ ③

해설 │ 적재적소 배치의 원칙이란 주어진 직무 수행에 가장 적합한 인재배치를 의미한다. 주어진 설명은 공정 인사의 원칙에 해당하는 내용이다.

08 다음 사례와 가장 밀접한 인사관리 원칙은?

> A기업 인사 담당 부장은 하반기 인사 발령에 즈음하여 '해당 직무 수행에 가장 적합한 인재를 배치해야 한다.'는 원칙을 부원들에게 다시 한번 주지시켰다.

① 공정 보상의 원칙 ② 적재적소의 원칙
③ 단결의 원칙 ④ 종업원 안정의 원칙
⑤ 공정 인사의 원칙

정답 | ②
해설 | 적재적소의 원칙은 해당 직무 수행에 가장 적합한 인재를 배치해야 한다는 원칙이다.

09 명함에 메모를 해두면 좋은 정보가 아닌 것은?

① 만난 날짜와 장소 및 용건 ② 상대의 업무 내용 및 취미
③ 상대방의 거주지 및 기타 연락처 ④ 만나서 먹었던 음식
⑤ 상대의 전근, 전직 등의 변동 사항

정답 | ④
해설 | 만나서 먹었던 음식과 같은 중요하지 않은 정보는 명함에 기입할 필요가 없으며, 상대방과 관련된 정보를 기입하여야 한다.

10 다음 설명하는 인력 배치 원칙은 무엇인가?

> 개인에게 능력을 발휘할 수 있는 기회와 장소를 부여한 뒤, 그 성과를 바르게 평가하고 평가된 능력과 실적에 대해 상응하는 보상을 하는 원칙

① 적재적소주의 ② 능력주의
③ 균형주의 ④ 자격인정주의
⑤ 학력주의

정답 | ②
해설 | 능력주의는 개인에게 능력을 발휘할 수 있는 기회와 장소를 부여한 뒤, 그 성과를 바르게 평가하고 평가된 능력과 실적에 대해 상응하는 보상을 하는 원칙이다. 이때 능력은 개개인이 가진 기존의 능력에만 한정하지 않고, 미래에 개발 가능한 능력도 있기 때문에 이를 개발하고 양성하는 측면도 고려해야 한다.

유형별 학습

PART **02**

CHAPTER 01 시간의 관리

CHAPTER 02 예산의 관리

CHAPTER 03 물적자원의 관리

CHAPTER 04 인적자원의 관리

CHAPTER 01 시간의 관리

1. 유형 파악하기

① 실제 기업 활동 중 시간 관리 및 조율이 필요한 상황이 주어지고, 가장 최선의 방안을 선택하는 문제 유형

② 회의 시간을 선택하거나 휴가 일정을 지정하는 문제가 주로 출제되며, 문제 조건만 잘 정리하면 답을 찾는 데는 큰 무리가 없음

2. 문제 접근하기

① **일정 조정 유형의 문제** : 달력상에 조건을 적용하며, 범위를 줄이는 방식으로 답을 찾을 수 있음

② **시차 문제**

ㄱ 종종 출제되는 유형

ㄴ 시차의 기본 개념을 이해해야 문제를 풀 수 있음

시차 문제에서 자주 등장하는 개념 중 하나로 GMT(그리니치 표준시)가 있다. GMT를 기점으로 +면 시간이 빠르고, −면 시간이 느리다. 예를 들어 서울이 베이징보다 1시간 빠르다는 것은 서울이 오후 2시일 때 베이징은 오후 1시임을 의미한다. 또한 시차 계산 시 +/+이거나 −/−처럼 부호가 같은 경우에는 큰 쪽에서 작은 쪽을 빼고, +/−처럼 부호가 다를 때는 절댓값을 합친다.

서머타임(ST ; Summer Time)
하절기에 국가의 표준시를 원래시간보다 한 시간 앞당겨(일반적으로) 사용하는 것을 말한다. 종종 서머타임이 제시된 문제가 출제되므로 주의한다.

01 강 팀장, 윤 대리, 서 주임, 임 사원, 안 사원 5명으로 구성된 홍보팀은 8월 휴가 일정을 조정하고 있다. 다음 〈조건〉을 따를 때 **강 팀장이 휴가를 쓸 날로 가장 적절한 날짜는?** [한국철도공사]

〈조건〉

- 8월 1일은 목요일이며, 8월은 31일까지 있다.
- 8월 15일 광복절은 공휴일이다.
- 휴가는 3일간 연이어 쓰며, 토요일, 일요일, 공휴일과 연결하거나 이를 포함할 수 있다.
- 8월 21~22일에는 대외행사 일정이 잡혀 있어 팀 전원이 휴가를 쓸 수 없다.
- 매월 첫째 주 월요일은 팀장급 회의가 있으며, 팀장은 반드시 참석해야 한다.
- 매월 마지막 주 월요일은 월간회의로 팀 전원이 참석해야 한다.
- 강 팀장은 8월 7일, 윤 대리는 8월 28일 출장이 예정되어 있다.
- 조직 관리를 위해 팀장과 대리는 휴가 및 외부 일정이 겹쳐서는 안 된다.
- 강 팀장을 제외한 나머지 팀원의 휴가일은 다음과 같다.

윤 대리	서 주임	임 사원	안 사원
14일, 16일, 19일	2일, 5일, 6일	9일, 12일, 13일	27일, 28일, 29일

---

① 1일, 2일, 5일
② 8일, 9일, 12일
③ 19일, 20일, 21일
④ 23일, 26일, 27일
⑤ 28일, 29일, 30일

단계별 문제 풀이

STEP 01 ▶ 달력상에 주어진 〈조건〉을 적용하며, **범위를 줄이는 방식**으로 답을 찾는다.

STEP 02 ▶ 〈조건〉을 달력에 **직접 표시**하면 다음과 같이 정리할 수 있다.

정답 찾기

일	월	화	수	목	금	토
				1	2 서 休	3
4	5 서 休 팀장급 회의	6 서 休	7 강 팀장 출장	8	9 임 休	10
11	12 임 休	13 임 休	14 윤 休	15 광복절	16 윤 休	17
18	19 윤 休	20	21 대외행사	22 대외행사	23	24

25	26 월간회의	27 안 休	28 안 休 윤 대리 출장	29 안 休	30	31

따라서 강 팀장은 8일, 9일, 12일에 휴가를 쓸 것이다.

오답 분석

① 팀장은 매월 첫째 주 월요일에 있는 팀장급 회의에 반드시 참석해야 한다.
③ 팀장과 대리는 휴가 혹은 외부 일정이 겹쳐서는 안 되며, 21일은 대외행사로 팀 전원이 휴가를 쓸 수 없다.
④ 매월 마지막 주 월요일에 진행되는 월간회의는 팀원 전체가 참석해야 한다.
⑤ 팀장과 대리는 휴가 혹은 외부 일정이 겹쳐서는 안 된다.

정답 | ②

02 다음은 두바이로 출장을 가게 된 K과장의 **비행기 티켓 예약 내역**이다. 빈칸에 들어갈 내용으로 옳은 것은?

[구간 1] 인천(ICN) → 두바이(DXB)

출발 시각	도착 시각	비행 시간
08/19(수) 13:30	08/19(수) 18:30	10:00

[구간 2] 두바이(DXB) → 인천(ICN)

출발 시각	도착 시각	비행 시간
08/24(월) 10:55	( )	08:35

※ 출발 시각과 도착 시각은 모두 현지 기준임

① 08/24(월) 14:30
② 08/24(월) 19:30
③ 08/24(월) 20:55
④ 08/25(화) 00:30
⑤ 08/25(화) 02:55

단계별 문제 풀이

STEP 01 시차 문제는 문제해결·자원관리능력에서 종종 출제되는 유형으로, **시차의 기본 개념을 이해해야** 문제를 풀 수 있다.

STEP 02 비행기로 이동하는 문제는 **출발 시각과 도착 시각, 비행 시간의 차이**를 토대로 시차를 구한다.

정답 찾기

1) [구간 1]의 출발 시각~도착 시각과 비행 시간 비교
  → 인천에서 두바이까지 비행 시간은 10시간이다. 그런데 인천에서 오후 1시 30분에 출발하여 두바이에 오후 6시 30분에 도착했으므로 인천과 두바이의 시차는 5시간임을 알 수 있다.
2) [구간 2]의 출발 시각과 비행 시간에 시차 더하기
  → 두바이에서 8/24(월) 오전 10시 55분에 출발하여 8시간 35분 뒤 인천에 도착했다면 두바이 기준 오후 7시 30분에 인천에 도착한다. 여기에 시차를 적용하면 인천에는 8/25(화) 오전 12시 30분에 도착한다.

정답 | ④

[01~02] 다음은 그리니치 평균시(GMT)를 기준으로 도시별 시각을 나타낸 것이다. 자료를 바탕으로 물음에 답하시오.

구분	시카고*	런던*	두바이	서울
GMT	-6	0	+4	+9

※ 표시된 지역은 서머타임(3~10월) 제도가 적용되며, 실제 시각은 GMT +1로 계산한다. 예를 들어 그리니치 평균시가 AM 01:00일 때, 런던은 AM 02:00이다.

01 P사는 시카고, 런던, 두바이, 서울에 지사를 두고 있으며, 각 지사의 근무 시간은 현지 시각 기준 오전 9시부터 오후 6시까지이다. 5월 중 서울 기준 오후 5시에 화상회의를 진행할 때 근무 시간 내에 회의에 참여할 수 있는 곳을 모두 고르면?

① 두바이
② 두바이, 런던
③ 두바이, 시카고
④ 런던, 시카고
⑤ 두바이, 시카고, 런던

02 K연구원은 시카고에서 열리는 세미나에 참여할 계획이다. 서울에서 10월 5일 오전 8시에 출발하며 비행 시간은 13시간일 때, 현지시각 기준 도착 시각으로 옳은 것은?

① 10월 4일 오후 10시
② 10월 5일 오전 7시
③ 10월 5일 오전 8시
④ 10월 6일 오전 10시
⑤ 10월 6일 오전 11시

03 ○○관광에서는 자사의 패키지를 이용해 해외여행을 다녀온 고객들을 위해 인천공항에서 서울역까지 운행하는 셔틀버스를 운영하려고 한다. 비용 문제로 1시간 30분 동안 제한적으로 운영할 수 있을 때, 다음 〈비행 스케줄〉과 〈시차 정보〉를 참고하여 가장 효과적인 운영이 가능한 시간을 찾으면?

〈비행 스케줄〉		
항공편	출발 시각(현지 기준)	비행 소요 시간
모스크바 → 서울	9월 15일 22:45	9시간 30분
자카르타 → 서울	9월 15일 23:35	12시간 20분
시드니 → 서울	9월 16일 04:05	10시간 15분

〈시차 정보〉					
구분	런던	모스크바	자카르타	서울	시드니
시차	GMT 0	GMT +3	GMT +7	GMT +9	GMT +10

※ 서울의 GMT +9는 런던(그리니치)이 오전 0시일 때 서울이 오전 9시임을 의미한다.

① 12:00~13:30 ② 12:30~14:00

③ 13:00~14:30 ④ 13:30~15:00

⑤ 14:00~15:30

04 각기 다른 팀 소속인 갑, 을, 병, 정은 프로젝트를 진행하고 있다. 업무 일정을 고려하여 내일 1시간의 회의 스케줄을 잡을 때, 가장 적절한 시간대는?(단, 회의는 업무 시간인 09:00~18:00에 이루어져야 하고, 점심시간인 12:00~13:00에는 회의를 진행하지 않는다.)

- 갑 : 저는 오전 9시부터 10시 사이에 팀 회의가 예정되어 있어요. 오후 4시부터는 과장급 회의에 참석해야 하고요.
- 을 : 저는 점심시간 직후 2시간 동안 외부업체 미팅이 잡혀 있습니다.
- 병 : 저는 내일 오전 서울 지사에 들렸다가 점심시간 끝날 때 복귀합니다. 오후 시간에는 시장 조사, 재고 점검 등이 잡혀 있으나 이 부분은 일정 조정 가능합니다.
- 정 : 저는 오전 10시부터 1시간가량 서버 점검을 실시해야 하고, 오후 5시 이후부터 통신장비 교체 작업이 예정되어 있습니다.

① 11:00~12:00 ② 13:00~14:00

③ 14:00~15:00 ④ 15:00~16:00

⑤ 16:00~17:00

[05~06] 매년 중국 광저우에서는 대규모 수출입박람회인 캔톤 페어가 개최된다. 가구 회사에 재직 중인 K씨는 올해 추계 캔톤 페어를 참관하기 위한 출장을 계획 중이다. 자료를 바탕으로 이어지는 물음에 답하시오.

124th China Import and Export Fair(Canton Fair)

◆일시 및 장소

제1기	제2기	제3기
2023.10.15.~2023.10.19.	2023.10.23.~2023.10.27.	2023.10.31.~2023.11.04.

- 개방 시간 : 기간 중 09:30~18:00
- 장소 : 중국 광저우 수출입상품교역회 전시관

◆품목 범위

제1기	제2기	제3기
전자·전기제품, 기계, 조명, 건축 자재, 차량 및 부품, 화학제품, 신소재	생활용품, 인테리어 자재, 가구, 주방용품, 장난감, 반려동물 물품	섬유 및 의류, 구두, 사무용품, 가방, 식품, 의약품 및 의료·건강기기

05 캔톤 페어는 품목에 따라 3기로 나누어 진행된다. K씨가 4박 5일 일정으로 출장을 계획할 때, 참관할 기수와 출장지 도착일로 가장 적절한 것은?

① 제1기, 2023년 10월 15일
② 제2기, 2023년 10월 22일
③ 제2기, 2023년 10월 27일
④ 제3기, 2023년 10월 29일
⑤ 제3기, 2023년 10월 31일

06 캔톤 페어가 열리는 중국수출입상품교역회 전시관은 Pazhou역과 연결된다. K씨가 머무는 호텔이 Tianhe Sport Center역에서 도보로 5분 거리일 때, 박람회 개장시간에 맞춰 도착하려면 늦어도 몇 시에 호텔에서 출발해야 하는가?(단, Line 1은 역간 3분이 소요되고, 나머지 노선은 역간 2분이 소요되며, 환승에는 5분이 걸린다. 그 외의 시간은 고려하지 않는다.)

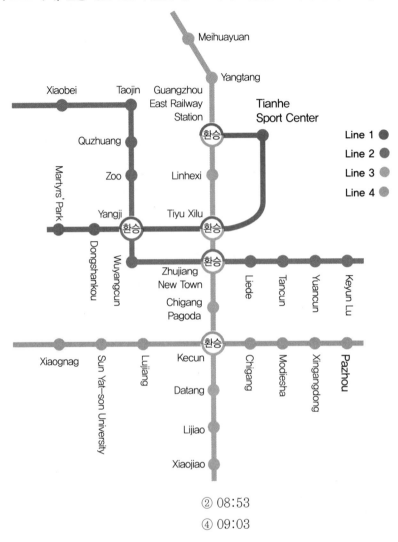

① 08:48　　　　　　　　　　　　　② 08:53

③ 08:58　　　　　　　　　　　　　④ 09:03

⑤ 09:08

07 연구 · 개발부 E대리는 유명 브랜드가 참여하는 해외 산업 박람회에 다녀오고자 한다. 〈박람회 정보〉를 참고할 때, 다음 중 E대리가 박람회 시작 시간에 늦지 않게 도착할 수 있는 비행기편 중 가장 저렴한 것은?

〈박람회 정보〉

- 박람회 시작 시간 : 런던 현지 시각으로 2023년 6월 10일 오전 10:00
- E대리의 이동 경로 : 히드로 공항 도착 후 숙소로 이동, 짐을 풀고 즉시 박람회장으로 이동
- 런던 내에서의 소요 시간
  - 히드로 공항 체크아웃 : 30분
  - 히드로 공항 → 숙소 : 1시간 20분
  - 숙소 → 박람회장 : 35분
※ 상기 소요 시간 외에 추가적인 시간 소요는 없다.

- 시차

런던	서울
GMT 0	GMT +9

〈항공편 정보〉

항공편명	출발 시각	총 비행 시간	운임
A0181	6월 10일 오전 1시 40분	15시간	65만 원
B0942	6월 10일 오전 2시	14시간 30분	75만 원
C1073	6월 10일 오전 0시 10분	16시간 20분	55만 원
D4804	6월 9일 오후 11시 20분	17시간	60만 원
E0035	6월 9일 오후 11시 55분	16시간 45분	50만 원

① A0181
② B0942
③ C1073
④ D4804
⑤ E0035

[08~09] A기업은 4조 2교대 근무를 운영하고 있다. 주간 2일과 야간 2일 연속 근무한 뒤 4일간 휴무한다. 다음 근무기록표를 바탕으로 이어지는 물음에 답하시오.

	1	2	3	4	5	6	7	8	9	10	11	12	13	14
A조	주				휴				㉠					
B조		㉡				주	야							
C조	야			㉢		휴			야	㉣				
D조			주									주	㉤	

※ 주 : 주간 근무 / 야 : 야간 근무 / 휴 : 휴무

08 근무기록표의 ㉠~㉤ 중 옳지 않은 것은?

① ㉠ : 주간 근무 ② ㉡ : 휴무

③ ㉢ : 휴무 ④ ㉣ : 야간 근무

⑤ ㉤ : 주간 근무

09 교대근무 특성상 연차를 사용하게 되면 휴무인 조에서 근무를 대체해야 한다. 대체 근무조에 해당하는 ⓐ~ⓒ를 바르게 나열한 것은?

성명	소속	연차일	대체 근무조
송주헌	D조	3일	ⓐ
이진태	B조	7일	ⓑ
한민기	C조	9일	ⓒ

	ⓐ	ⓑ	ⓒ
①	A조	C조	B조
②	B조	D조	A조
③	C조	A조	D조
④	A조	D조	B조
⑤	B조	C조	D조

10 각기 다른 도시에 있는 4명의 친구가 온라인 채팅을 하고 있다. 다음 〈자료〉를 참고하여 대화의 빈칸 ㉠~㉢에 들어갈 내용을 바르게 짝지은 것은?

〈자료〉

본초자오선은 경도 0°의 자오선을 말한다. 본초자오선을 기준으로 15°마다 1시간의 시차가 발생한다. 표준시는 동쪽으로 갈수록 빠르고 서쪽으로 갈수록 늦는다. 주요 도시별 표준시 기준 경도는 다음과 같다.

도시	뉴욕	LA	서울	시드니
표준시 경도	서경 75°	서경 120°	동경 135°	동경 150°

단, 서머타임을 시행하는 도시는 경도 기준 표준시보다 1시간이 빨라진다.

윤서 : 안녕 얘들아! 우리 이제 며칠 있으면 만날 수 있겠네!
민주 : 맞아! 그날만 기다리고 있어. 오늘이 12월 10일이니까 이제 일주일도 안 남았어!
세아 : 거기는 아직 10일이구나. 시드니는 11일이야.
주은 : 와, 새삼 우리가 멀리 떨어져 있는 게 실감 난다. 윤서야 서울은 지금 몇 시야?
윤서 : 서울은 11일 (㉠)야. 민주야 뉴욕은 지금 몇 시야?
민주 : 여긴 오후 7시야. 주은아, LA는 지금 (㉡)지?
주은 : 맞아. 세아야, 시드니는 지금 오전 10시지?
세아 : 아냐, 여기 지금 서머타임 중이라서 LA랑 (㉢) 차이 나. 아무튼 빨리 너희들 보고 싶다.

	㉠	㉡	㉢
①	오전 8시	오후 4시	17시간
②	오전 8시	오후 5시	18시간
③	오전 9시	오후 4시	19시간
④	오전 9시	오후 5시	18시간
⑤	오전 10시	오후 10시	19시간

[11~12] 다음은 4조 3교대를 시행하는 기업의 근무기록표이다. 자료를 바탕으로 이어지는 물음에 답하시오.

	1	2	3	4	5	6	7	8	9	10	11	12	13	14
A조	휴	오	오	오	오	오	휴	야	야	야	야	야	휴	휴
B조	아				㉠									
C조	야												㉡	
D조	오						㉢							

11 다음 〈교대 근무 규칙〉을 참고할 때 ㉠~㉢에 해당하는 근무로 바르게 짝지어진 것은?

〈교대 근무 규칙〉
• 4개 조의 근무는 서로 겹치지 않는다.
• 5일씩 아침, 오후, 야간 근무가 순서대로 돌아간다.
• 오후 근무에서 야간 근무로 바뀔 때는 1일을 쉰다.
• 아침 근무에서 오후 근무, 야간 근무에서 아침 근무로 바뀔 때는 2일을 쉰다.

	㉠	㉡	㉢
①	아침	야간	야간
②	아침	오후	야간
③	휴무	아침	오후
④	휴무	오후	야간
⑤	휴무	야간	오후

12 연차를 사용하는 경우 해당 날짜에 휴무인 조에서 근무를 대체해야 한다. 다음 중 일자별 연차 신청자 소속 조와 대체근무자 소속 조가 바르게 연결되지 않은 것은?

	일자	연차 신청자	대체근무자
①	4일	B조	C조
②	6일	A조	B조
③	8일	C조	B조
④	10일	D조	C조
⑤	12일	D조	B조

13 다음은 비행기로 A와 B국 간 이동 시 출발 시각과 도착 시각이다. 시간은 모두 현지 기준이며, 비행 시간은 두 구간이 같을 때, A와 B국 간 비행 시간과 시차가 바르게 연결된 것은?(단, A국이 B국보다 1시간 빠르다는 것은 A국이 오전 9시일 때 B국은 오전 10시임을 뜻한다.)

출발지	도착지	출발 시각	도착 시각
A국	B국	22:00	익일 06:00
B국	A국	07:00	21:00

	비행 시간	시차
①	10시간	A국이 B국보다 3시간 빠르다.
②	11시간	A국이 B국보다 3시간 느리다.
③	12시간	A국이 B국보다 3시간 빠르다.
④	10시간	A국이 B국보다 3시간 느리다.
⑤	11시간	A국이 B국보다 3시간 빠르다.

14 다음 대화 내용을 참고하여 회의 시간을 정할 때, 가장 적절한 것은?(단, 회의는 업무 시간인 09:00~18:00에 행해야 하며, 점심시간인 12:00~13:00에는 할 수 없다.)

> 이 대리 : 이번에 맡은 프로젝트와 관련하여 긴급히 보고드릴 사항이 있습니다. 내일 한 시간 정도 회의를 진행하려 하는데, 스케줄이 어떻게 되십니까?
> 박 차장 : 나는 11시부터 1시간 동안 차장급 회의가 있어요.
> 김 사원 : 저는 오전까지 출장 보고서와 서류를 제출해야 하는데, 10시까지는 마무리될 것 같습니다.
> 윤 과장 : 난 내일 오전 반차라 점심시간 이후에 가능해요.
> 최 주임 : 저는 내일 오후 3시부터 5시까지 외부 미팅이 잡혀 있습니다.
> 정 사원 : 저는 점심시간 후 1시부터 3시까지 시장 조사 자료를 정리할 계획입니다.
> 박 차장 : 아 참! 난 외부업체 대표와 저녁 약속 때문에 5시에는 사무실을 나서야 해요.
> 이 대리 : 모든 분들께 반드시 알려야 할 사항이니, 아무래도 스케줄 조정이 필요할 것 같습니다.

① 김 사원의 스케줄을 미루고 오전 9시부터 회의를 진행한다.
② 정 사원의 자료 정리를 1시간 미루고 1시부터 회의를 진행한다.
③ 최 주임의 미팅 시간을 앞당겨 4시부터 회의를 진행한다.
④ 박 차장을 제외하고 나머지 사람들만 오후 5시부터 회의를 진행한다.
⑤ 이 대리가 임의로 스케줄을 조정하여 3시부터 회의를 진행한다.

15 다음은 ○○공단 고객지원팀의 5월 월간계획표이다. 고객지원팀 소속은 A부장, B과장, C대리, D주임, E사원, F사원, G사원이다. 이번 달 D주임은 이틀간 휴가를 쓰려고 한다. 대리 이하 직원은 실무자로, 이들 중 3명 이상만 출근하면 업무에 문제가 없으나 대리와 주임 중 한 사람은 반드시 나와야 한다. 모든 조건을 고려할 때, 다음 중 D주임이 휴가를 쓸 수 있는 날은 언제인가?

일	월	화	수	목	금	토
		1	2 실무자 간담회	3	4 부장급 회의	5
6	7 월례조회	8 집체교육	9 F사원 휴가	10 F사원 휴가	11	12
13	14 A부장 휴가	15 휴무일	16 A부장 휴가	17	18	19
20	21 C대리 휴가	22 C대리 휴가	23 E사원 휴가	24 E사원 휴가	25 전체 회식	26
27	28 B과장 휴가	29 B과장 휴가	30 G사원 휴가	31 G사원 휴가		

※ 매주 금요일에는 주간회의를 실시하며, 팀 전원이 참석해야 한다.
※ 실무자는 실무자 간담회에 모두 참석해야 한다.

① 5월 1일, 5월 2일
② 5월 10일, 5월 11일
③ 5월 17일, 5월 18일
④ 5월 21일, 5월 22일
⑤ 5월 30일, 5월 31일

16 다음은 11월 달력과 A~C 부서의 근무자 정보이다. 매일 각 부서별로 1명씩 근무조를 짜서 근무할 때 근무일과 근무조가 옳지 않은 것은?

〈11월 달력〉

일	월	화	수	목	금	토
1	2	3	4	5	6	7
8	9	10	11	12	13	14
15	16	17	18	19	20	21
22	23	24	25	26	27	28
29	30					

〈부서별 근무자 정보〉

부서	이름	근무일
A	김승현	월, 화, 수
	이상기	월, 수, 금
	최원영	화, 목, 토
	박근수	목, 금, 일
B	이현아	수, 토, 일
	최기원	월, 화, 목
	정우수	화, 수, 금
C	정은아	화, 수, 일
	박현태	월, 금, 토
	한서우	목, 금, 일

① 11월 5일 – 최원영, 정우수, 한서우

② 11월 8일 – 박근수, 이현아, 정은아

③ 11월 18일 – 김승현, 정우수, 정은아

④ 11월 24일 – 김승현, 최기원, 정은아

⑤ 11월 30일 – 이상기, 최기원, 박현태

17 다음은 K회사의 직급별 연간 휴가일수 규정과 1월 휴가표이다. 2월 현재 직원들의 남은 휴가일수로 옳은 것은?

〈직급별 연간 휴가일수 규정〉

직급	연간 휴가 일수(일)
부장급	18
과장급	17
대리급	15
주임급	13
사원급	12

※ 연차 사용 시 연간 휴가 일수에서 1일, 반차 사용 시 연간 휴가 일수에서 0.5일이 차감된다.

〈1월 휴가표〉

일	월	화	수	목	금	토
					1	2
3	4	5 김 과장 반차	6	7 박 부장 연차	8	9
10	11	12	13	14 김 과장 반차	15	16
17	18 정 대리 연차	19	20 최 주임 연차	21	22 한 사원 반차	23
24	25 최 주임 반차	26 한 사원 연차	27	28	29 최 주임 반차	30
31						

① 박 부장-16일
② 김 과장-17일
③ 정 대리-13일
④ 최 주임-11일
⑤ 한 사원-10일

18 다음은 인천공항 항공편 정보이다. K공사 A대리와 B사원은 함께 프랑스 파리 출장을 가게 되었다. 한국은 파리보다 8시간 빠르며, 파리 현지 시간으로 1월 23일 오전 9시 20분까지 도착해야 할 때 인천공항에 도착해야 할 시각은 언제인가?(단, 비행기 출발 한 시간 전에 공항에 도착해 티켓팅을 해야 한다.)

〈인천공항 항공편 정보〉

항공편명	출발지	출발 시각	비행 시간	도착지
KW370	인천공항	1월 22일 23시 35분	12시간 20분	영국 런던
RE658	인천공항	1월 23일 05시 00분	12시간 10분	프랑스 파리
KW360	인천공항	1월 23일 13시 25분	12시간 10분	독일 베를린
SL765	인천공항	1월 23일 15시 30분	12시간 05분	프랑스 파리
CK235	인천공항	1월 24일 06시 00분	9시간 15분	러시아 모스크바

① 04시 00분 ② 05시 00분
③ 12시 25분 ④ 02시 30분
⑤ 10시 35분

19 각기 다른 팀 소속인 갑, 을, 병, 정은 목요일 또는 금요일에 회의를 진행하려고 한다. 업무 일정을 고려하여 1시간의 회의 스케줄을 잡을 때, 가장 적절한 시간대는?(단, 회의는 업무 시간인 09:00~18:00에 이루어져야 하고, 점심시간인 12:00~13:00에는 회의를 진행하지 않으며, 업무 시간이 끝나기 한 시간 전에는 회의를 할 수 없다.)

- 갑 : 저는 수요일과 목요일에 출장을 나가야 해서 수요일에는 출근을 못 할 것 같고, 목요일 오후 2시에 돌아올 예정입니다. 그리고 금요일에는 오후 1시부터 3시까지 거래처 미팅이 잡혀 있어요.
- 을 : 저는 매일 오전 9시부터 11시까지 회의에 참석해야 해요. 그 외에는 별다른 일정은 없습니다.
- 병 : 저는 목요일과 금요일에 교육을 들으러 가야 해요. 목요일에는 오후 2시부터 5시까지이고, 금요일에는 오후 3시부터 시작돼서 끝나는 시간은 동일합니다.
- 정 : 저는 금요일 오후 2시부터 출장을 다녀와야 합니다. 시간은 대략 2시간 정도 소요될 것 같습니다.

① 목요일 오후 1시 ② 목요일 오후 3시
③ 금요일 오전 11시 ④ 금요일 오후 3시
⑤ 금요일 오후 5시

20 다음은 ◇◇사 영업부 마케팅팀의 금일 업무 일정을 정리한 표이다. 이를 참고하여 다음 주 보고할 새 마케팅 기획을 확정할 회의를 진행하고자 한다. 회의가 2시간으로 예정되어 있다고 할 때, 전 구성원의 일정을 고려하여 가장 적절한 회의 시간은 언제인가?

시간	A팀장	B대리	C대리	D주임	E사원
09:00~10:00	외근(시장 조사)		경영업체 분석		마케팅 데이터 취합·정리
10:00~11:00				영업팀과 마케팅 회의진행	
11:00~12:00		미팅 자료 준비			
12:00~13:00	점심시간				
13:00~14:00		신규 거래처 미팅		마케팅 비용 PT(관리부 보고)	
14:00~15:00					
15:00~16:00	업무용 컴퓨터 백업				보유 비품 정리
16:00~17:00	마케팅 성과 보고	외부 행사 지원	미팅 자료 준비		
17:00~18:00			외부 협력업체 미팅		

① 10:00~12:00
② 11:00~13:00
③ 13:00~15:00
④ 14:00~16:00
⑤ 17:00~18:00

예산의 관리

핵심 이론

1. 유형 파악하기

① 실제 기업 활동 중 가장 빈번하게 접하는 상황의 유형

② 주어진 조건 안에서 비용을 절감하는 방법을 선택하여 적용하는 문제가 주로 출제됨

③ 문제 조건을 정확히 파악하고, 계산 등에서 실수하지 않도록 주의

2. 문제 접근하기

① 경비 계산 시 복잡한 수식 및 문제는 편의를 위해 간단하게 정리하거나 그림을 통해 판단하며, 단위는 통일시킨 후 문제 풀이하는 것을 추천

② 자료에 제시된 조건만 그대로 적용하면 되며, 이 과정에서 상식이나 추측을 개입하지 않도록 주의

수당이나 연봉 계산 문제는 자주 출제되는 유형 중 하나이다. 자료에서 주어진 식이나 조건에 유의하고, 계산 과정에서 실수를 범하지 않도록 주의한다.

01 ⟨출장여비 지급 기준⟩과 7월 출장 내역을 볼 때, K사원이 지급받을 **출장여비 총액**은?

[한국철도공사]

⟨출장여비 지급 기준⟩

출장여비는 수당과 교통비로 구분되며, 그 지급 기준은 다음과 같다.

- 수당
  - S시내 지역 : 2만 원
  - S시외 지역 : 3만 원
- 교통비 : 2만 원

※ 4시간 이내 출장의 경우 수당은 그 절반만 지급한다.
※ 법인차량을 이용하는 경우 교통비는 별도로 지급하지 않는다.

⟨K사원 7월 출장 내역⟩

일시	지역	비고
2023.07.08. 09:00~15:00	S시 K구	대중교통 이용
2023.07.23. 10:00~18:00	N시 W구	법인차량 이용
2023.07.26. 14:00~17:00	S시 J구	택시 이용

① 90,000원
② 100,000원
③ 110,000원
④ 120,000원
⑤ 130,000원

단계별 문제 풀이

STEP 01 조건을 적용하여 **상황별 예산(경비)을 계산**하는 유형이다. 출장비 외에도 수당, 대관비 등의 소재가 출제될 수 있다.

STEP 02 **출장여비 지급 기준**을 확인한다.

→ 출장여비는 수당과 교통비를 합친 금액이며, 수당은 지역별로 다르고, 교통비는 법인차량을 이용할 경우에는 지급되지 않는다는 점에 유의한다.

정답 찾기

- 7월 8일 : 시내 출장이므로 수당 20,000원과 교통비 20,000원을 합한 40,000원이 지급된다.
- 7월 23일 : 시외 출장이므로 수당 30,000원이 지급되며, 법인차량을 이용하여 교통비는 지급되지 않는다.
- 7월 26일 : 시내 출장이나 4시간 이내이므로 수당 10,000원과 교통비 20,000원을 합한 30,000원이 지급된다.

따라서 K사원이 지급받을 출장여비 총액은 100,000원이다.

정답 | ②

[01~02] 다음은 Y대리가 작성한 H사 워크숍 예산안이다. 내용을 바탕으로 이어지는 물음에 답하시오.

항목		예산(원)	비고
숙소	1박(5인 1실)	50,000×17	방 1개 여유
차량	45인승	200,000×2	왕복 요금
식대	중식	5,000×90	도시락 주문(여유분 포함)
	석식	1,500,000	바비큐
	조식	6,000×80	숙소 내 식당 이용
	음료	500,000	물, 주류 등
시설 대여	회의실	300,000	2시간 대관료
	장비	100,000	빔 프로젝트, 마이크
출력물	현수막	100,000	–
기타	기념품	800,000	–

01 H사 워크숍 예산 총액은 얼마인가?

① 4,860,000원

② 5,220,000원

③ 5,480,000원

④ 5,740,000원

⑤ 5,900,000원

02 워크숍 진행 후 지출 내역이 다음과 같을 때 지출 실비는 예산의 약 몇 %를 차지하며, 예산과의 차액은 얼마인가?(단, 비율 계산 시 소수점 첫째 자리에서 반올림한다.)

지 출 결 의 서

결재	담당	부장	전무	사장

내역		단가	수량	총액
숙소	4인 1실	40,000	20	800,000
차량	45인승	150,000	2	300,000
식대	중식	5,000	90	450,000
	석식(총액)	1,250,000	1	1,250,000
	조식	6,000	80	480,000
음료	물	500	60	30,000
	주류	2,000	100	200,000
	주스	2,000	30	60,000
회의실 대관		300,000	1	300,000
현수막		50,000	1	50,000
기념품		10,000	80	800,000
합계				( )원

① 82%, 980,000원
② 86%, 760,000원
③ 92%, 450,000원
④ 96%, 120,000원
⑤ 102%, 120,000원

[03~04] 다음은 ○○사의 사내 임금 규정 중 일부이다. 이를 참고하여 이어지는 물음에 답하시오.

<수당 지급 규정>

수당	급여 방식	비고
정근수당	연차에 따라 지급	해당 연차에 1회 지급
명절 준비금	월 기본 수당의 1/3 지급	2월, 9월 지급
야간 · 휴일 근무 수당	기본 수당 기준 150% 지급	시간당 지급
교통 보조비	기본 수당의 5% 지급	매월 지급

<기본 수당 규정>

직급	기본 수당(1달 기준)
1급	550만 원
2급	490만 원
3급	430만 원
4급	360만 원
5급	320만 원
6급	280만 원

<정근수당 지급 규정>

지급 연차	지급 액수
10년	해당 직급 1년 기본급 총액의 80%
7년	해당 직급 1년 기본급 총액의 60%
5년	해당 직급 1년 기본급 총액의 40%
3년	해당 직급 1년 기본급 총액의 20%

※ 연봉=기본급 총액+명절 준비금+교통 보조비(+정근수당)
※ 1달은 4주로 계산하며 ○○사는 주 40시간, 하루 8시간 근무가 기본이다.

03 3급 사원이며 올해로 7년차인 B팀장의 올해 연봉으로 옳은 것은?(단, 금액 계산 시 천 원 단위 이하는 버린다.)

① 5,698만 원　　　　　　　② 6,119만 원
③ 8,794만 원　　　　　　　④ 9,116만 원
⑤ 10,256만 원

PART 01　PART 02　PART 03

04 W는 올해 2년차인 5급 사원이다. 지난 9월 한 달 동안 23시간의 야간 근무와 16시간의 휴일 근무를 했을 때, W의 9월 월급으로 옳은 것은?(단, 금액 계산 시 천 원 단위 이하는 버린다.)

① 434만 원

② 453만 원

③ 495만 원

④ 520만 원

⑤ 559만 원

05 W대리는 8월에 개최할 컨퍼런스를 준비하는데, ◇◇컨벤션이 여러 가지 조건에서 가장 적절하여 일정을 조절하고 있다. 다음 자료를 참고할 때 대관할 홀과 날짜로 가장 적절한 것은?

〈컨퍼런스 장소 대관 조건〉

이번 컨퍼런스는 최대 3시간으로 예정되어 있다. 참여 인원은 48명에서 53명 사이가 될 것으로 보이며 다과는 컨벤션 업체를 이용하지 않고 직접 조달할 예정이다. 날짜는 8월 둘째 혹은 셋째 주 중, 금요일이나 토요일 오후(13시부터 18시 사이)에 진행하고자 하며 총 예산 2,500,000원 내에서 해결해야 한다. 이번 컨퍼런스에는 다양한 행사가 준비되어 있어 직원 외에 총 3명의 보조 인력이 필요하다.

〈◇◇컨벤션 홀 정보〉

구분	최대 인원	평일 가격	주말(토, 일) 가격
A홀	60명	2,250,000	2,300,000
B홀	45명	1,950,000	2,100,000
C홀	95명	2,650,000	2,700,000
D홀	80명	2,600,000	2,650,000

• 간단한 다과가 기본 제공되며 다과 서비스를 이용하지 않을 경우 대여 금액에서 10%가 할인됩니다.
• 50인 미만의 홀에는 1명의 보조 인력이, 60인 이상의 홀에는 2명의 보조 인력이 기본 제공되며 보조 인력 추가 요청 시 1인당 10만 원의 추가금이 발생합니다.
※ ◇◇컨벤션의 보조 인력은 총 6명으로 당일 스케줄에 따라 보조 인력의 추가 제공이 불가능할 수 있습니다.
• 홀 사용 후에는 사용 종료 후 1시간의 정리 및 이후 스케줄 준비를 위한 시간이 필요합니다.

〈◇◇컨벤션 8월 예약 스케줄 일부〉

• 8월 둘째 주

8월 9일(목)	8월 10일(금)	8월 11일(토)

• A홀
  − 09:00~13:00
• B홀
  − 11:30~13:30
• D홀
  − 17:00~19:00
	• A홀
	  − 09:00~16:00
	• C홀
	  − 11:00~14:00
	• D홀
	  − 13:30~17:00
		• A홀
		  − 10:00~13:00
		  − 16:00~18:30
		• C홀
		  − 12:30~14:30
		• D홀
		  − 15:00~17:00

• 8월 셋째 주

8월 16일(목)	8월 17일(금)	8월 18일(토)
• A홀 　– 09:00~13:00 　– 15:30~17:00 • C홀 　– 09:30~14:00 　– 16:00~18:00	• B홀 　– 10:30~17:00 • C홀 　– 12:00~16:00 • D홀 　– 14:00~15:00	• A홀 　– 16:00~18:00 • C홀 　– 15:00~17:00 • D홀 　– 09:00~13:30

① C홀, 8월 10일　　　　　　　　② A홀, 8월 11일
③ C홀, 8월 11일　　　　　　　　④ D홀, 8월 17일
⑤ D홀, 8월 18일

[06~07] 다음은 외부 강사 수당 및 원고료 지급 기준이다. 내용을 바탕으로 이어지는 물음에 답하시오.

1. 강사 수당 지급액

구분	대상	지급기준	지급액(천 원)
특별강사	• 전 · 현직 장 · 차관(급) • 전 · 현직 대학총장(급) • 전 · 현직 국회의원 • 대기업 총수(회장) • 국영기업체장	1시간	200
	• 전 · 현직 장 · 차관(급) • 전 · 현직 대학총장(급) • 전 · 현직 국회의원 • 대기업 총수(회장) • 국영기업체장	초과(매시간)	150
일반 I	• 대학 조교수 이상 • 인간문화재, 유명예술인 및 종교인 • 정부출연 연구기관장 • 기업 · 기관 · 단체의 임원, 중역 • 판 · 검사, 변호사, 변리사, 회계사, 공인감정사, 의사, 한의사 • 전 · 현직 3급 및 4급 이상 공무원	1시간	150
	• 대학 조교수 이상 • 인간문화재, 유명예술인 및 종교인 • 정부출연 연구기관장 • 기업 · 기관 · 단체의 임원, 중역 • 판 · 검사, 변호사, 변리사, 회계사, 공인감정사, 의사, 한의사 • 전 · 현직 3급 및 4급 이상 공무원	초과(매시간)	100

일반 Ⅱ	• 대학 전임강사 및 전문대학 조교수 • 전 · 현직 5급 이하 공무원 • 중소기업체 임원급 • 기업 · 기관 · 단체의 부장급 • 체육, 레크리에이션 등 강사 • 인간문화재, 유명예술인 등 보조출연자 • 통계이론, SAS, SPSS 강사 • 박사학위 소지 강사	1시간	100
	• 대학 전임강사 및 전문대학 조교수 • 전 · 현직 5급 이하 공무원 • 중소기업체 임원급 • 기업 · 기관 · 단체의 부장급 • 체육, 레크리에이션 등 강사 • 인간문화재, 유명예술인 등 보조출연자 • 통계이론, SAS, SPSS 강사 • 박사학위 소지 강사	초과(매시간)	70
일반 Ⅲ	• 외국어, 전산 등 학원 강사 • 체육, 레크리에이션 등 보조강사 • 기타 회장이 인정하는 자	1시간	70
	• 외국어, 전산 등 학원 강사 • 체육, 레크리에이션 등 보조강사 • 기타 회장이 인정하는 자	초과(매시간)	50

2. 원고료 지급액

• 금융정보지 : 기고 1회 기준 200,000원

• 강의 원고 및 교육 책자 : A4용지 1p 기준 12,000원

• 외국어 원고 : A4용지 1p 기준 15,000원

• 파워포인트용 원고 : 슬라이드 5장당 12,000원

※ 목차, 표지, 간지, 참고문헌, 부록 등은 원고료 산정에서 제외한다.

06 H사는 빅데이터 실무 활용도를 높이기 위한 교육을 실시하려 한다. 이번 특강에 초청한 강사의 이력이 다음과 같고, 특강은 오후 2시부터 6시까지 진행될 때, 지급될 강사 수당은 얼마인가?

성명		김○○	생년월일	197×.05.28
소속		○○대학교	직위	정교수
연락처		010-×××-××××	이메일	kimxx • xxu.ac.kr
학력	1995.02	○○대학교 공과대학 졸업		
	1997.02	○○대학교 경영공학대학원 석사 졸업		
	2001.08	○○주립대 산업공학대학원 박사 졸업		
경력	2001~2004	○○대학교 전임강사		
	2004~2009	○○대학교 조교수		
	2010~2015	○○대학교 부교수		
	2015~	○○대학교 정교수		

① 310,000원 ② 400,000원
③ 450,000원 ④ 600,000원
⑤ 650,000원

07 06번 문제의 강사가 강의에 활용하기 위해 다음과 같은 자료를 준비하였다. 이때 지급될 총 원고료는?

- 강의 원고 : 표지(4p), 목차(1p) 포함 A4용지 28p
- 파워포인트용 원고 : 총 45장

① 354,000원 ② 368,000원
③ 376,000원 ④ 384,000원
⑤ 391,000원

부장 : L형 책상으로 4개 주문하고, 의자도 책상 수만큼 주문하게. 메시 소재 검정색으로. 회의실 의자가 오래되어 이번에 함께 교체하는 게 좋겠어. 지금 8개 있던가? 자리가 여유로우니 2개 정도 더 사도 될 것 같군. 회의실 의자는 전부 고급형으로 하고. 참, 파티션도 주문해야 하는 것 알지? 현 배치도를 고려하여 통일하게.

〈배치도〉

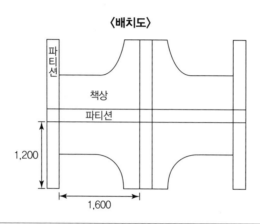

• 사무용 책상

품명	사이즈(폭×깊이×높이)	가격
일자형 책상	1,200×700×720	105,000
	1,400×700×720	115,000
	1,600×700×720	120,000
L형 책상	1,400×1,200×715	120,000
	1,600×1,200×715	135,000
	1,800×1,200×715	141,000

• 파티션

폭	투톤파티션	반유리파티션
450/500	27,000	30,000
600	31,000	36,000
700/750/800/900	33,000	39,000
1,000/1,100/1,200	35,000	41,000
1,400	52,000	57,000
1,600	62,000	66,000

• 사무용 의자

품명	가격	비고
ST500	79,000	블랙/메시
CM400	81,000	화이트/메시
RX200	72,000	블랙/가죽
F4230	33,000	회의용 의자 일반형
H6150	41,000	회의용 의자 고급형

08 상사의 지시를 토대로 구매 품의서를 작성하였다. 다음 중 잘못 작성한 부분은?

〈구매 품의서〉

작성일	20××-01-28
작성자	김○○

품명	규격	수량	단가	금액
L형 책상	1,600×1,200×715	4	120,000	480,000
투톤파티션	1,200	6	35,000	210,000
투톤파티션	1,600	2	62,000	124,000
의자(ST500)	-	4	79,000	316,000
의자(H6150)	-	10	41,000	410,000
합계			-	

① L형 책상
② 투톤파티션
③ 투톤파티션
④ 의자(ST500)
⑤ 의자(H6150)

09 08번 문제의 품의서에서 틀린 부분을 수정했다고 가정할 때, 합계액은 얼마인가?

① 1,500,000원
② 1,550,000원
③ 1,600,000원
④ 1,650,000원
⑤ 1,700,000원

10 N사는 기본급 이외에 다음 기준에 따라 초과근무수당을 지급하고 있다. 수당 지급 기준을 바탕으로 직원 Y가 받을 추가 수당은?

〈초과근무수당 지급 기준〉

구분	지급액
시간외근무수당	통상임금 $\times \dfrac{1.5}{200} \times$ 근무시간
야간근무수당	통상임금 $\times \dfrac{0.5}{200} \times$ 근무시간
휴일근무수당	통상임금 $\times \dfrac{1}{200} \times$ 근무시간

〈직원 Y의 통상임금 및 추가근무시간〉

통상임금	시간외근무시간	야간근무시간	휴일근무시간
2,100,000원	16시간	8시간	12시간

① 376,000원
② 382,000원
③ 398,000원
④ 404,000원
⑤ 420,000원

11 ○○공사 K대리는 일요일에 인천에서 출발하여 △△공원으로 가족들과 함께 당일 여행을 갔다가 돌아올 계획이다. 차량 A~E 중 대여료와 유류비의 총합이 가장 저렴한 것으로 선택해서 렌트하려고 한다. K대리가 선택할 차량은 무엇인가?(단, 인천에서 △△공원까지는 360km이다.)

<대여료>

구분	A	B	C	D	E
평일 대여료 (월~목)	40,000원	70,000원	70,000원	100,000원	120,000원
주말 대여료 (금~일 및 공휴일)	50,000원	90,000원	80,000원	110,000원	140,000원
사용 연료	휘발유	휘발유	LPG	경유	경유
연비(km/L)	12km	16km	9km	10km	15km

※ 대여료는 1일 기준이다.

<유류비>

연료	휘발유	경유	LPG
가격(L당)	1,650원	1,350원	800원

① A ② B
③ C ④ D
⑤ E

12 K회사에는 이번 달에 있을 정기 회의를 위해서 세미나실을 대여하려고 한다. K회사 정기회의 세부 일정과 세미나실 정보를 참고했을 때 K회사가 세미나실 대여료로 지불해야 할 금액으로 가장 적절한 것은?

〈K회사 정기회의 세부 일정〉

일시	2022년 12월 18일
주제	2023년 사업계획
참여인원	65명
예산	700,000원

〈세미나실 정보〉

세미나실	수용가능	인원 비용	비고
A	70명	650,000원	12월 예약 시 10% 할인
B	80명	720,000원	2일 이상 예약 시 20% 할인
C	60명	400,000원	–
D	100명	900,000원	11월 예약 시 10% 할인

① 720,000원   ② 650,000원
③ 613,000원   ④ 585,000원
⑤ 452,000원

13 K주임은 S팀장으로부터 다음과 같은 지시를 받았다. 팀장의 지시에 따라 K주임이 대절할 버스로 가장 적절한 것은?(단, 주어진 버스 전세 요금 외 다른 사항은 고려하지 않는다.)

S팀장 : 이번 단체 순방 때 이용할 차량 대절을 알아보세요. 참여 예정 인원은 30명이지만 상황에 따라 5명 정도 추가될 수 있으니 이 점 참고하고요. 예산 60만 원 이내에서 1대 또는 2대를 빌리되, 가장 저렴한 쪽으로 선택하세요.

〈버스 전세 요금〉

12인승	16인승	22인승	28인승	45인승
176,000원	225,000원	283,000원	345,000원	520,000원

① 12인승 1대, 22인승 1대   ② 12인승 1대, 28인승 1대
③ 16인승 1대, 22인승 1대   ④ 16인승 1대, 28인승 1대
⑤ 45인승 1대

[14~15] Q학원은 강의 수준과 수강생들의 만족도를 높이기 위해 강의 평가 후 다음 학기 수업에 강사들의 시급을 조정하고 있다. 2022년 1학기 강사별 시급과 2022년 강의 평가 내용이 다음과 같을 때 이어지는 물음에 답하시오.

- 2022년 1학기 강의 시급

A	B	C	D	E
110,000원	130,000원	140,000원	150,000원	120,000원

- 2022년 강의 평가(10점 만점 기준)

구분	A	B	C	D	E
1학기	9.2	7.8	7.2	8.1	8.6
2학기	8.9	8.4	8.7	7.6	9.0

- 시급 조정률

9.0점 이상	8.5점 이상 9.0점 미만	8.0점 이상 8.5점 미만	7.5점 이상 8.0점 미만	7.5점 미만
10% 인상	5% 인상	동결	5% 삭감	10% 삭감

14 강사 A~E의 시급과 강의 평가 결과를 볼 때 2023년 1학기 시급이 높은 강사부터 순서대로 나열한 것은?

① B-D-E-A-C
② D-C-E-B-A
③ D-E-C-A-B
④ E-C-D-B-A
⑤ E-D-A-C-B

15 2023년 1학기 강사별 월간 수업시수와 수강생이 다음과 같다. '월급＝시급×수업시수'이며, 수강생이 50명 이상인 경우 기본 월급의 10%를 가산하여 지급한다. 다음 중 월급이 가장 많은 강사는?

구분	A	B	C	D	E
수업시수(시간)	34	33	32	33	35
수강생(명)	44	42	52	46	43

① A
② B
③ C
④ D
⑤ E

물적자원의 관리

SECTION 01 핵심 이론

1. 유형 파악하기

① 예산 관리와 마찬가지로 실제 기업 활동 중 가장 빈번하게 접하는 상황의 유형

② 필요한 물적자원을 확인하고 사용할 수 있는 물적자원을 최대한 확보하여 물적자원을 효율적으로 활용하는 문제의 유형

③ 주로 바코드, 등록번호 등에 관한 문제가 출제됨

④ 문제 조건을 정확히 파악하고, 계산 등에서 실수하지 않도록 주의

2. 문제 접근하기

① 조건에 따라 문제에서 원하는 경우를 선발하고, 계산보다는 상황 자체를 판단하여 가장 적합한 물적자원을 찾음

② 자료에 제시된 조건만 그대로 적용하면 되며, 이 과정에서 상식이나 추측을 개입하지 않도록 주의함

③ 복잡한 수식 및 문제는 편의를 위해 간단하게 정리하거나 그림을 통해 판단하며, 단위를 통일한 후 문제를 푸는 것을 추천

01 다음 K공단의 간행물 등록번호 체계 내용을 참고할 때, 제시된 **간행물 1·2·3의 등록번호에** 대한 판단으로 옳은 것은? [한국전력공사]

〈간행물 등록번호 체계〉

· 간행물 발간 주관부서에서 부서와 간행물의 내용 및 성격에 맞게 O, XYZ, C를 지정함

$$O-XYZ-C-00\triangle\triangle\triangle$$

· O(자료주관 부서) : Ⅰ 경영기획실, Ⅱ 정책본부, Ⅲ 글로벌협력단, Ⅳ ICT융합본부, Ⅴ 디지털문화본부, Ⅵ 공공데이터혁신본부, Ⅶ 전자정보본부, Ⅷ 기술지원본부

· XYZ

X(형태)		Y(분야)		Z(배포)	
G	Guideline 지침서	A	Analysis 분석	E	External 외부배포
R	Report 보고서	Au	Audit 감리	I	Internal 내부배포
S	Sourcebook 자료집	B	Business 사업결과		
T	Translation 번역물	I	Issue 이슈		
W	White paper 백서	P	Policy 정책		
X	기타	S	Survey 조사		
		Se	Seminar 세미나/설명회		

· C : 간행물의 내용에 따라 'A 위탁연구, B 자체수행, C 입찰을 통한 용역, D 공모'로 분류

· 00 : 발간연도

· △△△ : 해당 발간연도 간행물 번호 부여 순에 따른 일련번호

※ 일련번호는 자료관리 주관부서에서 부여함

· 간행물 1 : Ⅲ-SSE-B-17007
· 간행물 2 : Ⅰ-TPE-A-18034
· 간행물 3 : Ⅴ-GBI-B-18021

① 세 간행물 중 해당 연도의 간행물 등록 순서가 가장 빠른 것은 간행물 2이다.

② 디지털문화본부에서는 주관하는 간행물은 사업결과에 관한 내용을 담고 있다.

③ 정책본부에서 주관하는 간행물은 외부배포용 자료이다.

④ 정책 분야에 관련된 간행물은 K공단에서 자체 수행한 내용을 담고 있다.

⑤ 세 간행물 중 분석 분야의 내용을 번역하여 만든 간행물이 있다.

STEP 01 ▶ 주어진 정보에 특정 상황을 적용하는 유형이다. 계산보다는 **상황자체를 판단하는** 문제에 해당한다.

STEP 02 ▶ **간행물의 각 등록번호를** 확인하여 특성을 파악한다.

정답 찾기

디지털문화본부는 V코드이므로 간행물 3이 된다. 또한 사업결과 분야는 XYZ 중 Y에 해당하는 코드가 B여야 하므로 옳다.

오답 분석

① 일련번호가 007인 간행물 1이 등록 순서가 가장 빠르다.
③ 정책본부의 코드는 II이므로 해당하는 간행물이 없다.
④ 정책 분야와 관련된 간행물은 XYZ 중 Y에 해당하는 코드가 P이므로 간행물 2인데, 이것은 C에 해당하는 코드가 A 이므로 자체수행이 아닌 위탁연구에 의해 작성된 자료이다.
⑤ 분석 분야의 내용은 Y코드가 A, 번역물은 X코드가 T이므로 XY의 코드가 TA여야 하는데 이에 해당하는 간행물은 없다.

정답 | ②

[01~02] 다음은 한 레스토랑의 식자재 보관 창고 내 식자재 보관 현황을 나타낸 표이다. 다음을 바탕으로 이어지는 물음에 답하시오.

물품명	물품번호	재고 수량(개)	입고단가(원)
돼지고기(120g)	12JMAHT	42	2,900
무염버터(300g)	65MYBTS	35	2,600
홀토마토	33PRGEC	27	1,400
생크림(200ml)	78SWHOC	48	2,300
연어 필렛(400g)	02FRUVL	37	3,100
파프리카	62PFKLA	29	900
소고기(120g)	49FSMON	36	3,600
참치(200g)	21LCSIB	22	3,300
브로콜리(1상자)	08PORAK	38	1,100
카놀라유(500ml)	84ZKSHF	41	1,300
양파(중 1망)	27AECKT	19	1,900
닭고기(생닭 6호)	52SAIDO	55	800
밀가루(300g)	93RHAVY	33	600
치킨 스톡(500g)	71SCHTP	14	1,200
코코넛 밀크(200ml)	95ZHSJT	26	1,700

01 물품 번호에 따라 재고를 분류·관리하려고 한다. 01~20으로 시작하는 식자재는 A구역, 21~40으로 시작하는 식자재는 B구역, 41~60으로 시작하는 식자재는 C구역, 61~80으로 시작하는 식자재는 D구역, 81~99로 시작하는 식자재는 E구역에 보관한다면, 다음 중 식자재를 잘못 보관하고 있는 구역은?

A구역	돼지고기, 연어 필렛, 브로콜리
B구역	참치, 양파, 홀토마토
C구역	소고기, 닭고기, 파프리카
D구역	무염 버터, 생크림, 치킨 스톡
E구역	카놀라유, 밀가루, 코코넛 밀크

① A구역　　　　　　　　　　② B구역
③ C구역　　　　　　　　　　④ D구역
⑤ E구역

02 이번 주말 영업 대비를 위해 도매시장에 방문하여 부족한 식자재를 보충해 두려고 한다. 오늘은 D구역에 보관할 식자재를 구매할 예정인데, D구역의 경우 적정 재고는 품목당 40개씩이다. 총 구매 비용으로 옳은 것은?(단, 모든 식자재는 올바른 구역에 분류되어 보관되고 있다.)

① 48,200원

② 51,600원

③ 53,700원

④ 54,100원

⑤ 56,200원

03 J사는 ⓐ~ⓔ 중 한 곳으로 공장을 이전할 계획이다. J사는 가 지역으로부터 원료를 공급받아 공장에서 생산 후 나 지역에 위치한 물류센터로 운송한다. 〈그림〉을 참고할 때, 공장을 이전할 곳으로 가장 적절한 지역은?(단, 공장 이전 부지는 운송료만을 고려한다.)

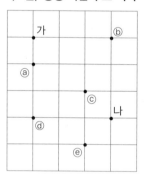

〈그림〉 공장 이전 후보 지역

※ 한 칸의 거리는 상하좌우 1km로 동일하다.

※ 원료 운송 시 1km당 5,000원의 비용이 들고, 생산품 운송 시 1km당 3,000원의 비용이 든다.

① ⓐ

② ⓑ

③ ⓒ

④ ⓓ

⑤ ⓔ

04 다음 글과 〈필요 물품 목록〉을 근거로 판단할 때, T부 대외 사업에서 허용되는 사업비 지출품목만을 모두 고르면?

> T부에서 실시하는 대외 사업의 사업비는 사용목적이 '사업 운영'인 경우에만 지출하는 것이 원칙이나, 다음 중 어느 하나에 해당할 경우 예외적으로 허용된다. 첫째, 품목당 단가가 10만 원 이하로 사용목적이 '서비스 제공'인 경우에 지출할 수 있다. 둘째, 사용연한이 1년 이내인 경우에 지출할 수 있다.

〈필요 물품 목록〉

품목	단가(원)	사용목적	사용연한
교구	150,000	사업 운영	2년
미니 빔 대여	200,000	서비스 제공	6개월
의자	120,000	서비스 제공	5년
컴퓨터	700,000	보고서 작성	3년
클리어파일	1,000	상담일지 보관	2년
블라인드	90,000	서비스 제공	5년

① 미니 빔 대여, 의자
② 컴퓨터, 클리어파일
③ 클리어파일, 블라인드
④ 교구, 미니 빔 대여, 블라인드
⑤ 교구, 의자, 컴퓨터

A지역에 위치한 창고와 B지역에 위치한 창고의 재고를 제품별로 정리하려 한다. 빈칸 ㉠, ㉡, ㉢, ㉣에 들어갈 숫자의 합은?

〈표 1〉 A지역 창고 재고량

제품명	입고	출고	재고
가	150	98	52
나	100	34	66
다	120	52	68
라	130	74	56

〈표 2〉 B지역 창고 재고량

제품명	입고	출고	재고
가	200	132	68
나	180	104	76
다	150	121	29
라	140	113	27

〈표 3〉 제품별 재고량

구분	가	나	다	라
입고	350	280	270	270
출고	230	㉠	173	㉡
재고	120	142	㉢	㉣

① 495

② 500

③ 505

④ 510

⑤ 515

06 영업팀 T대리는 지난주 월요일부터 금요일까지 자신의 부서에서 사용한 사내 공용 물품의 사용료를 납부하려고 한다. 물품 사용 내역이 다음과 같을 때, T대리가 납부해야 하는 총 금액은 얼마인가?

〈사내 공용 물품 사용료 규정〉

물품명		사용료	비고
차량	소형	시간당 3,500원	주행료 별도(km당 170원)
	대형	시간당 5,500원	주행료 별도(km당 180원)
외부 회의실		시간당 4,000원	빔 프로젝터 사용 시 5,000원 추가
택배 서비스		건당 3,000원	무게 10kg 초과 시 건당 5,000원
우산 대여		무료	분실 시 보상금 개당 8,000원

〈영업팀 사내 공용 물품 사용 내역〉

날짜	사용 내역
7월 9일(월)	외부 일정으로 대형 차량 4시간 대여(총 185km 주행)
7월 10일(화)	갑작스러운 소나기로 우산 대여(2개 중 1개 분실)
7월 12일(목)	미팅 목적으로 외부 회의실 3시간 대여(빔 프로젝터 사용)
7월 13일(금)	택배 발송 3건(3건 중 1건은 무게 12.5kg)

① 79,450원
② 81,450원
③ 89,300원
④ 91,300원
⑤ 99,300원

07 △△기획에서는 거래처에 배포할 브로슈어를 제작하려고 한다. 인쇄소에 문의한 결과 예상 견적이 다음과 같을 때, 사원 간의 대화를 참고하여 예상 금액으로 적절한 것을 고르면?

〈브로슈어 인쇄 견적서〉

지류	가격(페이지당)
100g	백색 35원
100g	미색 32원
80g	백색 24원
80g	미색 21원
제본 방식	**가격(권당)**
무선 제본	300원
와이어 제본	1,100원

※ 배송 비용은 50권당 2만 원입니다.
※ 100부 이상 인쇄 시 배송료를 제외한 전체 금액에서 3%가 할인됩니다.

김 대리 : 이번에 만들 브로슈어는 총 몇 페이지 정도 분량이죠?
최 주임 : 페이지 수는 64페이지로 그렇게 많은 분량은 아닙니다.
김 대리 : 그러면 종이가 조금 두꺼운 편이 좋겠군요?
박 사원 : 네. 그리고 제품 안내용으로 제작되는 만큼 컬러 인쇄가 필요하고, 그러면 색도 미색보다는 백색이 나을 듯합니다.
김 대리 : 종이 가격이 조금 많이 나오겠군요. 그래도 필요한 사항이니 그렇게 진행하고, 대신 제본 방식은 굳이 크게 신경 쓰지 말고 저렴한 가격으로 합시다.
최 주임 : 네. 부수는 50부 단위가 가능하다고 해서 100부나 150부를 생각하고 있습니다만, 어떻게 할까요?
김 대리 : 우리 거래처가 거의 80곳 정도 되고. 각 거래처의 협력사에도 전달할 분량이 필요하니 두 배 정도가 좋겠네요.
최 주임 : 그러면 그렇게 진행하도록 하겠습니다.

① 381,000원
② 369,570원
③ 427,770원
④ 429,570원
⑤ 485,970원

08 K차장은 신축 농산물 유통센터의 부지를 확보하기 위해 후보지를 둘러보고 있다. 다음 〈농산물 유통 센터 부지 조건〉과 〈후보지 정보〉를 참고했을 때, 최종 부지로 확정될 가능성이 가장 높은 곳은?

〈농산물 유통센터 부지 조건〉

"이번 신축 농산물 유통센터는 새로운 물류 허브로서의 역할을 기대하는 곳인 만큼 여러 가지 조건을 살펴보고 최상의 입지를 선정해야 합니다. 최대한 많은 물량을 커버할 수 있도록 대규모 자본을 투입하는 만큼 부지는 가능한 한 넓어야 합니다. 같은 조건이라면 부지가 넓은 곳을 우선적으로 고려해주세요. 그리고 연교차가 작아야 농산물을 보관하는 데 더 용이할 것입니다. 또, 농산물은 유통기한이 짧은 만큼 빠른 소비가 중요하므로 인근에 대도시가 많을수록 좋습니다. 많은 물량이 오고가는 만큼 인접한 도로로 이동 가능한 차량 대수도 많아야 하고요. 다만 이미 평균 교통량이 많은 곳은 차량 정체로 인한 어려움이 있을 수 있으니 도로 혼잡률이 낮은 곳을 고려할 필요가 있겠습니다. 마지막으로 대규모 유통센터인 만큼 근로자들의 접근성도 중요합니다. 이용 가능한 대중교통이 많다면 근로자분들의 출퇴근에 큰 도움이 될 겁니다. 이 모든 조건이 다 중요하므로 후보지들을 잘 살펴주십시오."

〈후보지 정보〉

구분	A	B	C	D	E
부지 넓이	$47,000m^2$	$51,000m^2$	$45,000m^2$	$43,000m^2$	$49,000m^2$
연교차	$28°$	$29°$	$26°$	$30°$	$27°$
인근 대도시 수	2곳	1곳	3곳	4곳	5곳
이동 가능 차량 대수	130,000대	150,000대	210,000대	170,000대	180,000대
도로 혼잡률	80%	75%	85%	70%	90%
이용 가능 대중교통 수	5종	3종	1종	2종	3종

① A   ② B

③ C   ④ D

⑤ E

[09~10] 다음은 사무실 비품 재고를 정리한 것이다. 이를 바탕으로 이어지는 물음에 답하시오.

품목	규격	재고수량	구매단가	적정재고
A4용지*500	화이트/80g	43	3,800	40
A3용지*500	화이트/80g	28	8,200	30
B5용지*500	미색/75g	25	3,100	20
B4용지*500	미색/75g	33	7,900	30
볼펜(검정)	–	112	350	100
볼펜(빨강)	–	94	350	100
형광펜(노랑)	–	51	500	50
형광펜(분홍)	–	45	500	40
더블클립(중)	25×33mm	86	120	80
더블클립(대)	41×51mm	54	300	60
포스트잇(소)	51×33mm	48	800	50
포스트잇(중)	51×76mm	52	600	40
AA건전지*10	–	24	5,700	20

09 적정재고보다 부족한 물품을 구매하려 한다. 다음 중 구매해야 할 물품으로만 묶인 것은?

① A4용지, 볼펜(빨강), 더블클립(중), 포스트잇(소)

② A3용지, 형광펜(노랑), 더블클립(대), AA건전지

③ B5용지, 볼펜(검정), 형광펜, 더블클립(대), AA건전지

④ A3용지, 볼펜(빨강), 더블클립(대), 포스트잇(소)

⑤ A3용지, 형광펜(분홍), 포스트잇(중), AA건전지

10 귀하는 비품 구매품의서를 작성하여 결재를 올렸으나 상사로부터 다음과 같은 말을 들었다. 상사의 지시에 따라 수정하고, 품의서를 다시 작성할 때, 예상되는 구매 예산은 얼마인가?(단, 구매할 비품은 적정재고 수량의 110%가 되도록 한다.)

> 적정재고가 맞지 않는 경우가 있으니 이것부터 수정하는 게 좋을 것 같아요. 종이류 중에서 A4용지를 가장 많이 사용하니 적정재고를 10 더 늘리고 나머지는 20으로 통일합시다. 볼펜은 오래 두면 잘 나오지 않으니 재고를 절반으로 줄이고, 더블클립은 큰 사이즈를 오히려 더 자주 사용하니 중간 사이즈와 적정재고를 서로 맞바꾸는 게 낫겠네요. 이 부분 수정 후 다시 품의서 작성해서 올리세요.

① 33,400원

② 39,000원

③ 46,500원

④ 61,400원

⑤ 70,200원

11 자료를 참고하여 다음 바코드 13자리에 포함될 체크디지트를 구하면?

체크디지트 계산

1단계 : 체크디지트를 포함하여 우측에서 좌측으로 1~13의 일련번호를 부여한다.

2단계 : 짝수 번째에 있는 숫자를 모두 더한다.

3단계 : 2단계의 결과에 3을 곱한다.

4단계 : 나머지 숫자(체크디지트를 제외한 홀수 번째의 숫자)를 전부 더한다.

5단계 : 3단계의 결과와 4단계의 결과를 더한다.

6단계 : 5단계의 결과에 10의 배수가 되도록 더해진 최소수치('0' 이상의 양수)가 체크디지트가 된다.

8 800201 37962

① 0 ② 2
③ 4 ④ 6
⑤ 8

12 에너지공기업에서는 합동 체육대회를 개최하게 되었다. 참여 인원과 차량 대수가 다음과 같고, 선호 종목을 고려하여 체육대회를 진행하려 할 때, 다음 중 가장 적절한 장소는?

〈참여기업 정보〉

구분	H공사	N공사	G공사	E공사	T공사	Y공사
참가 인원	65명	72명	55명	49명	38명	42명
차량 대수	12대	15대	14대	11대	10대	13대
선호 종목	배드민턴, 농구, 풋살	배드민턴, 풋살, 족구	야구, 농구, 배구	탁구, 풋살, 농구	배드민턴, 농구, 탁구	피구, 농구, 풋살

〈장소 정보〉

구분	대운동장1	대운동장2	대운동장3	대운동장4	대운동장5
수용 인원	350명	300명	400명	340명	280명
주차 대수	100대	75대	120대	60대	80대
가능 종목	농구, 풋살, 배드민턴	풋살, 배드민턴	농구, 풋살, 야구	배드민턴, 농구, 피구	농구, 야구, 족구

※ 탁구대는 모든 곳에서 대여 가능하다.

① 대운동장1 ② 대운동장2
③ 대운동장3 ④ 대운동장4
⑤ 대운동장5

13 B는 이번 주말 지역 농산물 특별 판매장을 열어 주민들에게 각 지역의 특산품을 합리적인 가격으로 공급하고자 한다. 제시된 조건에 따라 특판장의 장소를 결정할 때, 최종 결정될 후보지는?

〈지역 농산물 특별 판매장 후보지별 평가 현황〉

(단위 : 점)

구분	A	B	C	D	E
유동인구	80	60	75	55	65
접근성	55	75	80	60	70
부지넓이	70	80	50	90	75
편의시설	60	65	75	70	80

• 평가요소별 점수를 합하여 가장 높은 점수를 받은 곳을 특판장 장소로 결정한다.
• 유동인구와 접근성에 각각 30%, 부지 넓이와 편의시설에 각각 20%의 가중치를 부여한다.
• 최종 점수가 동일할 경우, 유동인구의 평가 점수가 더 높은 곳을 선택한다.

① A
② B
③ C
④ D
⑤ E

14 A씨는 11시에 대전에서 열리는 박람회에 참가하려고 한다. A씨는 박람회 당일 9시에 회사에서 출발해야 한다. 회사에서 부산 박람회장까지 가는 교통편과 요금이 다음과 같을 때 박람회장에 늦지 않게 도착하며 교통요금이 제일 적은 경로는 어느 것인가?(단, 고속버스터미널과 기차역에 오면 고속버스와 기차는 바로 탈 수 있다.)

- 회사에서 고속버스터미널, 기차역까지 교통편

구분	고속버스터미널		기차역	
	이동시간	교통요금	이동시간	교통요금
버스	63분	1,300원	37분	1,200원
지하철	42분	1,350원	32분	1,250원
택시	30분	16,300원	20분	11,300원

- 고속버스 및 기차 이동시간 및 요금

구분	이동시간	교통요금
고속버스	110분	19,800원
기차	62분	23,700원

- 대전버스터미널 및 대전역에서 박람회장까지 교통편출발지 이동시간 교통요금

교통편	출발지	이동시간	교통요금
버스	대전버스터미널	25분	1,250원
	대전역	57분	1,350원
지하철	대전버스터미널	15분	1,300원
	대전역	40분	1,400원
택시	대전버스터미널	5분	3,300원
	대전역	19분	10,700원

① 버스 – 고속버스 – 버스
② 지하철 – 고속버스 – 택시
③ 버스 – 기차 – 택시
④ 지하철 – 기차 – 지하철
⑤ 택시 – 기차 – 택시

15 다음은 P제품의 시리얼 넘버 생성표이다. 2017년 9월 3일 울산공장 B생산라인에서 104번째로 만든 공업용 P제품의 시리얼 넘버는 어느 것인가?

〈P제품의 시리얼 넘버 생산표〉

용도	생산공장		생산라인		생산날짜	제품생산번호
산업용 [AA]	1	평택	01	A생산라인	생산연도월일을 8자로 표기 ㉠ 2020년 5월 6일 생산 → 200506으로 표기	생산된 제품 순서대로 0001부터 시작
차량용 [AB]	2	용인	02	B생산라인		
골프카용 [BA]	3	광명	03	C생산라인		
지게차용 [BB]	4	군산	04	D생산라인		
공업용 [CA]	5	울산	05	E생산라인		

※ 시리얼 넘버는 '용도-생산공장생산라인생산날짜-제품생산번호'와 같이 부여된다.
　㉠ 2018년 3월 4일 용인공장 C생산라인에서 45번째로 만든 산업용 P제품의 시리얼 넘버
　→ AA-203180304-0045

① BA-301150608-0156
③ AB-205190821-1869
⑤ BB-101161105-0007

② AA-404201114-0235
④ CA-502170903-0104

인적자원의 관리

SECTION 01 │ 핵심 이론

1. 유형 파악하기

① 기업 활동에서 인적 자원 관리상 필요한 상황이 주어지고, 최적의 선택 방안을 답해야 하는 유형
② 근무조 편성, 부서 배치 등 실제 업무 상황에서 활용도가 높은 문제들이 주로 출제됨

2. 문제 접근하기

① **부서 배치 문제** : 인원을 선발하거나 조건에 맞는 인원을 선정해야 함
② **근무조 편성 문제** : 주어진 일정 조건을 고려하여 근무조를 편성해야 함. 달력상에 조건을 적용하며 범위를 줄이는 방식으로 답을 찾음
③ **평가 문제** : 평가 대상과 점수 등이 주어지고 조건에 따라 문제에서 원하는 경우를 선별

01 다음 직원들의 프로필을 참고하여 파견 직원과 파견 지역을 짝지은 것으로 가장 적절한 것은?

[한국남동발전]

직원	근무부서	어학 능력	비고
A	개발부	중국어, 일본어	–
B	개발부	프랑스어	프랑스 파견 근무 경험 有
C	마케팅부	영어	–
D	관리부	독일어	독일 유학생활 경험 有

① A－베트남
② B－미국
③ C－프랑스
④ D－독일

단계별 문제 풀이

STEP 01 인적자원에 대한 정보와 주어진 조건을 비교하여 가장 적절하게 이루어진 파견 직원과 파견지를 찾는 유형이다.

STEP 02 인적자원의 기본적인 정보를 우선 파악하며, 비고 등 추가로 주어지는 자료에 주의하며 적절한 파견지를 선정한다.

정답 찾기

D는 독일어를 할 수 있고, 독일 유학생활 경험이 있으므로 독일로 파견 가는 것이 적절하다. A는 중국어와 일본어를 할 수 있으므로 중국이나 일본으로, B는 프랑스어를 할 수 있고, 프랑스에서 파견 근무를 한 경험이 있으므로 프랑스로 파견 가는 것이 적절하다. 또한 C는 영어를 할 수 있으므로 미국으로 파견 가는 것이 적절하다.

정답 | ④

01 다음 H레스토랑의 근무자 정보를 참고할 때, 해당 날짜에 휴가를 사용할 수 없는 직원은?(단, H레스토랑은 매주 월요일 휴무이며, 영역별로 1명 이상씩 담당자가 있어야 한다.)

〈H레스토랑 근무자 정보〉

직원	근무일	담당 가능 영역
A	화, 수, 목, 금, 토	정리/조리
B	금, 토, 일	조리/계산
C	수, 목, 금, 토, 일	계산
D	화, 수, 목	정리
E	화, 목, 금, 토	정리/계산
F	화, 수, 일	조리

〈202×년 8월 달력〉

일	월	화	수	목	금	토
			1	2	3	4
5	6	7	8	9	10	11
12	13	14	15	16	17	18
19	20	21	22	23	24	25
26	27	28	29	30	31	

① 8월 2일 – A   ② 8월 8일 – F

③ 8월 18일 – C   ④ 8월 25일 – E

⑤ 8월 28일 – D

[02~03] 한 기업에서 4조 2교대에서 4조 3교대로 근무 방식을 변화시키려 한다. 다음 근무 배정표를 바탕으로 이어지는 물음에 답하시오.

구분		1	2	3	4	5	6	7	8	9	10	11	12	13	14
2교대	A조	주	주	야	야	휴	휴	휴	휴	주	주	야	야	휴	휴
	B조	휴	휴	휴	휴	주	주	야	야	휴	휴	휴	휴	주	주
	C조	야	야	휴	휴	휴	휴	주	주	야	야	휴	휴	휴	휴
	D조	휴	휴	주	주	야	야	휴	휴	휴	주	주	야	야	
3교대	A조	휴	오	오	오	오	오	휴	야	야	야	야	야	휴	휴
	B조							㉠							
	C조		㉡												
	D조												㉢		

※ 주 : 주간 / 야 : 야간 / 휴 : 휴일 / 아 : 아침 / 오 : 오후

02 변경되는 근무는 5일씩 아침-오후-야간 근무를 번갈아 하되, 근무시간이 바뀌는 시점에 휴무일을 배정한다. 이때, 오후-야간으로 바뀔 때는 하루를 쉬고 아침-오후, 야간-아침으로 바뀔 때는 이틀을 쉰다. 이 규칙을 따를 때 ㉠, ㉡, ㉢에 해당하는 근무 편성으로 옳은 것은?(단, 3교대 근무 시 근무가 서로 겹쳐서는 안 된다.)

	㉠	㉡	㉢
①	야간	휴일	아침
②	아침	야간	휴일
③	오후	휴일	아침
④	야간	아침	휴일
⑤	아침	야간	오후

03 3교대 근무 특성상 연차를 사용하는 경우 해당 날짜에 휴무인 조에서 대체 인원을 배정해야 한다. 다음 중 대체 인원 배정이 적절하지 않은 것은?

	연차일	휴무자 소속 조	대체자 소속 조
①	2일	A조	D조
②	4일	B조	C조
③	6일	D조	B조
④	8일	A조	B조
⑤	12일	C조	B조

[04~05] 다음은 K공단에 채용된 신입사원 A~H의 입사 성적, 전공, 희망 부서 정보이다. 자료를 바탕으로 이어지는 물음에 답하시오.

신입사원 입사 성적, 전공, 희망 부서

신입사원	필기시험 점수	면접 점수	전공	희망 부서
A	85	90	법학	기획조정실
B	81	91	법학	법무지원실
C	89	86	경영학	경영지원실
D	82	91	행정학	기획조정실
E	86	92	법학	법무지원실
F	90	89	경영학	기획조정실
G	84	90	행정학	경영지원실
H	87	88	행정학	법무지원실

04 부서별 충원 인원은 다음과 같다. 입사 성적이 높은 순서대로 희망 부서에 배치할 때, 희망 부서가 아닌 부서에 배치되는 사람은?

기획조정실	법무지원실	경영지원실
2명	2명	4명

① A, C
② B, D
③ E, G
④ D, H
⑤ F, H

05 업무 효율을 높이기 위해 지원자의 전공과 부서 적합도를 추가하여 배치하기로 했다. 지원자의 희망 부서 기준으로 변환한 전공 적합 점수와 입사 성적을 합산한 총점이 높은 순서대로 희망 부서에 우선 배치할 때 옳지 않은 것은?

〈전공 적합 점수 변환표〉

구분	경영	법학	행정
기획조정실	95	90	100
법무지원실	90	100	95
경영지원실	100	95	90

① 기획조정실에 2명이 배치된다면 A는 타 부서에 배치된다.
② 법무지원실의 충원 요청 인원이 2명이라면 B는 타 부서에 배치된다.
③ 전공 적합 점수와 입사 성적을 합산한 총점이 가장 높은 신입사원은 E이다.
④ 경영지원실 희망자 중 C는 같은 부서를 희망한 다른 지원자에 비해 우선 배치된다.
⑤ 전공 적합 점수가 만점인 사람은 총 4명이다.

[06~07] 다음은 과채류 적정 저장온도와 에틸렌 생성 및 민감성을 정리한 자료이다. 이어지는 물음에 답하시오.

품목	저장온도(℃)	에틸렌 생성	에틸렌 민감성
사과	−1~4	매우 많음	중간
포도	−1~0	매우 적음	낮음
감귤	3~5	매우 적음	중간
딸기	0~4	적음	낮음
참외	5~7	중간	중간
자두	0~1	중간	중간
멜론	2~5	많음	중간
토마토	8~10	많음	낮음
파프리카	7~10	적음	낮음
무	0~2	매우 적음	낮음
감자	0	매우 적음	높음
당근	4~8	매우 적음	중간
상추	0~5	매우 적음	높음

06 온도를 4℃로 맞춘 저장고에 보관하기에 적합한 것으로만 묶인 것은?

① 사과, 포도, 멜론, 토마토, 무
② 감귤, 딸기, 참외, 자두, 파프리카
③ 사과, 참외, 자두, 당근, 감자, 상추
④ 딸기, 멜론, 토마토, 당근, 파프리카
⑤ 사과, 감귤, 딸기, 멜론, 당근, 상추

07 일반적으로 에틸렌에 민감한 품목은 에틸렌을 많이 생성하는 품목과 함께 저장하지 않는 것이 좋다. 다음 중 함께 보관하기에 적절하지 않은 조합은?

① 사과 – 무
② 감귤 – 당근
③ 포도 – 멜론
④ 토마토 – 상추
⑤ 참외 – 파프리카

[08~09] 다음은 해외파견 근무자 선발을 위한 심사 기준과 지원자들의 평가 결과이다. 심사는 서류와 면접 2단계로 진행되며, 서류와 면접 점수를 합산하여 최종 선발한다. 단, 서류심사에서 80점 미만을 획득한 경우 면접심사에서 만점을 받지 않는 이상 최종 선발에서 제외된다. 이어지는 물음에 답하시오.

• 심사 기준

심사 항목	평가 사항	비고
서류	㉠ 영어 능력(50점) ㉡ 해외근무 적합성(50점)	파견지역 언어 특기자인 경우 가산점 5점
면접	㉢ 기본역량(40점) ㉣ 파견 적합성(30점) ㉤ 외국어 능력(30점)	

※ 동점자 발생 시 서류심사 고득점자 순으로 결정

• 평가 결과

구분		A	B	C	D	E	F	G	H	I
서류 점수	㉠	38	42	37	36	43	47	40	36	34
	㉡	35	37	45	32	42	31	44	39	42
	가산점	○	×	○	○	×	○	×	×	○
면접 점수	㉢	29	31	30	27	32	35	34	39	37
	㉣	28	19	25	25	21	19	28	25	23
	㉤	23	27	21	24	25	23	21	26	21

08 서류심사에서 80점 이상 획득한 사람을 모두 고르면?

① A, C, G, I
② C, E, F, G
③ A, B, D, E, F
④ C, E, F, G, I
⑤ B, C, E, F, G, I

09 해외파견 근무자를 2명 선발하고자 할 때 최종 선발될 2인으로 바르게 짝지은 것은?

① A, D
② B, I
③ C, G
④ F, H
⑤ E, G

[10~11] 다음은 2주 동안의 3교대 근무일정과 조별 구성이다. M은 오전 근무, E는 오후 근무, N은 야간 근무를 의미하며, 휴는 휴무일이다.

구분	1	2	3	4	5	6	7
A조	M	M	M	휴	N	N	N
B조	E	E	휴	M	M	M	M
C조	휴	휴	E	E	E	E	휴
D조							
구분	8	9	10	11	12	13	14
A조	N	휴	휴	E	E	E	E
B조	휴	N	N	N	N	휴	휴
C조	M	M	M	M	휴	N	N
D조							

A조	B조	C조	D조
김은성, 조은아, 임유진	박채윤, 장석원, 이영재	오아름, 정승연, 김보라	차현수, 공지환, 우혜정

10 다음 각 일정별 D조의 근무 편성으로 옳은 것은?

① 2일 – 오후 근무
② 5일 – 오전 근무
③ 8일 – 야간 근무
④ 11일 – 휴무
⑤ 14일 – 오후 근무

11 기간 중 몇몇 직원이 연차를 제출하였다. 다음 중 해당 일에 근무를 대체할 수 없는 사람은?(단, 같은 조에 속한 직원은 근무를 대체할 수 없으며, 휴무일 또는 다음날 휴무인 직원만 대체 가능하다.)

	날짜	연차 신청자	대체자
①	3일	조은아	장석원
②	6일	이영재	공지환
③	9일	정승연	임유진
④	10일	박채윤	우혜정
⑤	12일	차현수	김은성

12 J회사는 새로 입사한 해외개발팀 직원들을 해외지사로 파견하려고 한다. 다음 해외개발팀 직원들의 프로필을 참고했을 때 파견 지역이 가장 적절하지 않은 직원은 누구인가?(단, 전공은 상관없다.)

〈J회사 해외개발팀 신입사원 프로필〉

직원	전공	외국어	비고
A	경영학	영어, 중국어	–
B	경제학	프랑스어, 영어	유럽 지역 파견 희망
C	행정학	일본어, 중국어	중국 유학 경험(5년)
D	경제학	영어	미국 파견 희망
E	행정학	독일어	독일 파견 경험(3년)

① A – 미국
② B – 프랑스
③ C – 중국
④ D – 일본
⑤ E – 독일

[13~14] Q대학은 교수 선임을 위한 공채를 진행한다. 전형은 전공적부와 연구업적, 공개 세미나 심사로 진행된다. 다음 심사 기준과 지원자 A~E의 평가 점수표를 바탕으로 이어지는 물음에 답하시오.

공채 심사 기준

1. 전공 적부 심사 기준표(100점)

구분	배점	심사기준
㉠ 대학(학사)	20	• 공채 분야와 일치(20점) • 공채 분야와 유사(15점) • 기타(10점)
㉡ 대학원(석사)	30	• 공채 분야와 일치하는 학위 논문(30점) • 공채 분야와 관련된 학위 논문(20점) • 공채 분야와 관련 없는 학위 논문(10점)
㉢ 대학원(박사)	50	• 공채 분야와 일치하는 학위 논문(50점) • 공채 분야와 관련된 학위 논문(25점) • 기타 학위 논문(0점)

2. 연구 업적 심사기준표(70점)

항목	배점	심사기준
㉠ 최종 학위 논문의 질적 수준	10	논문의 창의성, 형식의 부합성, 논리성, 인용의 적합성, 학문 기여도 등을 종합하여 매우 우수 10점, 우수 8점, 양호 6점, 보통 4점, 미흡 2점

ⓛ 최근 3년 이내 연구 실적의 양적 수준	30	모집 전공 분야와 관련된 연구 실적물로서(대표논문, 학위 논문 제외) 600% 이상 30점, 500% 이상 27점, 400% 이상 24점, 300% 이상 21점, 300% 미만 18점

- 공동연구 환산율

구분	1인	2인	3인	4인 이상
논문	100%	70%	50%	30%
저역서	200%	140%	100%	60%

- 논문 가중치 : SCI급 1.5, 한국연구재단 등재 논문 1, 한국연구재단 등재 논문 후보지 0.7

ⓒ 최근 3년 이내 대표 논문 2편의 질적 수준	30	지원자의 논문(박사학위 논문 제외) 중 공채 분야와 일치하는 논문 2편에 한하여 논문의 창의성, 형식의 부합성, 논리성, 인용의 적합성, 학문 기여도 등을 종합 평가하여 1편당 최우수 15점, 우수 12점, 양호 9점, 보통 6점, 미흡 3점

- 논리적 표현 능력
- 발표의 체계성과 완성도
- 발표 방법 및 태도의 적절성
- 질문에 대한 응답 능력

※ 공개 세미나 점수=심사위원 점수의 합÷3

지원자 평가 점수표

1. 전공적부 심사

구분	A	B	C	D	E
㉠	유사	기타	일치	일치	유사
㉡	관련	관련	일치	관련	일치
㉢	일치	일치	관련	관련	일치

2. 연구업적 심사

구분	A	B	C	D	E
㉠	8	4	10	6	6
㉡	( )	( )	( )	( )	( )
㉢	21	24	21	27	15

13 연구 업적 심사 중 최근 3년 이내 연구 실적의 양적 수준에 해당하는 내역이 다음과 같다. 전공 적부 심사와 연구 업적 심사만 볼 때 총점이 가장 높은 사람은?

A	저서(1인 1건), SCI급 논문(2인 1건), 한국연구재단 등재 논문(1인 1건, 2인 1건)
B	역서(2인 1건), 한국연구재단 등재 논문(1인 3건, 3인 1건)
C	저서(2인 2건), 한국연구재단 등재 논문(1인 2건), 한국연구재단 등재 논문 후보지(1인 1건)
D	저서(2인 1건), 역서(2인 1건), SCI급 논문(1인 2건), 한국연구재단 등재 논문(3인 1건)
E	역서(3인 2건), 한국연구재단 등재 논문(2인 1건, 4인 1건)

① A
② B
③ C
④ D
⑤ E

14 공개 세미나 심사위원 3명의 점수를 합친 평가 점수표가 다음과 같다. 공개 세미나 점수는 '심사위원 점수의 합÷3'으로 적용하며, 이를 전공 적부 심사 및 연구 업적 심사 점수와 합산한 점수가 가장 높은 사람을 임용한다. 심사위원의 대화를 참고할 때, Q대학 교수로 선임될 사람은?(단, 계산 시 소수점 이하는 버리며, 동점자가 발생할 경우 전공 적부 심사 총점이 더 높은 사람을 선임한다.)

구분	A	B	C	D	E
논리적 표현 능력	ⓐ	20	18	22	19
발표의 체계성과 완성도	19	20	ⓑ	19	20
발표 방법 및 태도의 적절성	17	ⓒ	18	20	17
질문에 대한 응답 능력	16	17	19	18	ⓓ
합계	ⓐ+52	ⓒ+57	ⓑ+55	79	ⓓ+56

> 심사위원 1 : A지원자의 논리적 표현 능력은 조금 아쉽네요.
> 심사위원 2 : 그러게요. 다른 지원자들과 비교해서 점수가 가장 낮은데, 발표 방법 및 태도의 적절성 점수와 같네요.
> 심사위원 3 : A지원자와 공개 세미나 총점이 같은 C지원자는 발표의 체계성과 완성도가 많이 부족하군요.
> 심사위원 1 : 네, 맞습니다. 반면 B지원자의 점수는 D지원자 다음으로 높네요. 발표 방법 및 태도의 적절성에서도 전체 지원자 중 두 번째로 점수가 높군요.
> 심사위원 2 : 그러게요. E지원자의 질문에 대한 응답 능력 점수는 B지원자보다는 높고 C지원자보다는 낮네요.

① A
② B
③ C
④ D
⑤ E

15 다음은 직원 A~M의 업무달성도, 업무지식, 책임감, 근무태도를 평가한 〈업무평가 결과〉이다. 〈업무평가 결과〉의 총합이 90점 이상이면 승진 대상자이다. 다음 중 승진 대상자가 있는 부서를 모두 고른 것은?

〈업무평가 결과〉

(단위 : 점)

직원	부서	업무달성도	업무지식	책임감	근무태도
A	인사부	23	20	22	15
B	총무부	21	18	17	25
C	영업부	19	20	25	20
D	영업부	15	20	21	24
E	인사부	18	19	21	14
F	인사부	25	18	19	15
G	경영지원부	19	22	14	13
H	마케팅부	25	23	20	25
I	경영지원부	24	24	18	23
J	총무부	22	23	19	25
K	마케팅부	19	21	24	15
L	전산부	18	16	23	16
M	마케팅부	19	15	9	16

※ 항목별 25점 만점

① 인사부
② 마케팅부
③ 인사부, 경영지원부
④ 총무부, 마케팅부
⑤ 인사부, 총무부, 경영지원부

MEMO

최종 점검 모의고사

PART 03

CHAPTER 01 최종 점검 모의고사 1회

CHAPTER 02 최종 점검 모의고사 2회

CHAPTER 03 최종 점검 모의고사 3회

최종 점검 모의고사 1회

01 K부장과 L대리는 현지 공장 시설 견학 및 관련 업체 미팅을 위해 해외 출장을 다녀왔다. 다음 〈출장 일정〉과 〈시차 정보〉를 참고했을 때, 두 사람이 공항에 귀국한 날짜 및 시각은 서울 기준으로 언제인가?(단, 비행시간 외에 다른 이동 시간은 발생하지 않는 것으로 간주한다.)

〈출장 일정〉
- 2023년 8월 20일 인천공항에서 오전 9시 20분 비행기로 출발
- 13시간 비행 후 독일 베를린 도착. 도착 당일은 휴식
- 다음 날부터 3일 동안 현지 공장 시설 견학 등 업무 진행 후 현지 도착 5일째 되는 날 현지 시각 오전 11시 45분 비행기로 출발
- 16시간 20분 비행 후 미국 필라델피아 도착. 도착 당일은 휴식
- 다음 날부터 4일 동안 현지 공장 시설 견학 및 관련 업체 미팅 등 업무 진행 후 현지 도착 6일째 되는 날 현지 시각 오후 10시 15분 비행기로 출발
- 22시간 50분 비행 후 인천공항 도착

〈시차 정보〉

도시	필라델피아	런던(그리니치)	베를린	서울
시간	GMT −4	GMT 0	GMT +2	GMT +9

※ 서울의 GMT +9는 런던(그리니치)이 오전 0시일 때 서울이 오전 9시임을 의미한다.

① 8월 29일 오전 10시 40분
② 8월 29일 오후 7시 35분
③ 8월 30일 오전 8시 5분
④ 8월 30일 오후 9시 5분
⑤ 8월 31일 오전 10시 5분

02 △△기업에서는 수습 기간이 지난 신입사원을 대상으로 부서 이동을 실시하였다. 이들은 내부 평가 성적에 따라 각자 지망하는 부서로 우선적으로 배정되는데, 그 평가는 다음과 같다. 〈신입사원 업무 평가표〉와 〈부서 배정 규정〉을 참고할 때, 배정 희망 부서를 다시 선택해야 하는 사원은?

〈신입사원 업무 평가표〉

구분	업무지식	업무수행능력	근무 태도	조직기여도	문제해결능력
A	85	74	62	68	93
B	91	73	88	54	60
C	67	61	93	73	84
D	72	71	95	76	82
E	83	81	59	91	84

※ 각 항목은 100점 만점이며 모든 항목의 점수를 종합하여 최종 평가한다.

〈부서 배정 규정〉

• 각 사원은 1지망 부서에 우선 배치되며, 부서 정원보다 배정 희망자가 많을 경우 수습 기간 업무 평가 결과가 높은 사원을 우선적으로 배정한다.
• 1지망 배정이 완료된 후 남은 사원을 대상으로 2지망 부서를 배정한다. 2지망 부서 배정 종료 후 같은 방법으로 3지망 부서를 배정한다.
• 3지망 부서 배정까지 종료된 후에도 부서 배정을 받지 못하는 사원이 있는 경우 업무 평가 점수가 높은 사원을 우선적으로 희망하는 부서에 배정한다.
• 마지막까지 부서에 배정받지 못하는 사원은 배정 희망 부서를 다시 선택한다.

〈20××년 신입사원 배정 희망 부서〉

구분	1지망	2지망	3지망
A	개발부	관리부	총무부
B	개발부	대외협력부	영업부
C	인사부	대외협력부	개발부
D	인사부	대외협력부	영업부
E	인사부	관리부	대외협력부

※ 부서별 정원은 1명이다.

① A

② B

③ C

④ D

⑤ E

03 F대리는 올해 창립 10주년을 맞아 전 사원에게 지급될 단체 점퍼 130벌을 주문하려고 한다. 창립기념일이 얼마 남지 않아 최대한 빠른 시일 내에 점퍼를 받아야 하는 상황이다. 다음 〈업체 정보〉와 〈7월 달력 일부〉를 참고했을 때, F대리가 가장 빨리 점퍼를 받아볼 수 있는 업체와 그 날짜로 옳은 것은?

〈업체 정보〉

구분	소요 시간(10벌 제작)	작업 시간	비고
A	2시간	09:00~18:00	토요일은 09:00~15:00까지 작업
B	1시간 30분	06:00~16:30	100벌 초과분부터는 10벌 제작에 1시간 20분 소요
C	1시간	08:00~17:00	40벌 제작 시마다 기계 냉각 시간 1시간 필요
D	2시간	07:30~19:30	작업 완료 즉시 퀵서비스로 당일 배송(2시간 소요)

※ 주문 직후 곧바로 작업이 시작된다.
※ 각 공장은 10벌 단위로 작업하며, 남은 작업 시간 내에 10벌의 점퍼를 제작할 수 없는 경우 작업을 종료하고 다음 날 다시 작업을 시작한다.
※ 작업이 오전 9시 30분 이전에 완료될 경우 당일 오후 6시에, 오전 9시 30분을 초과하여 오후 3시까지 완료될 경우 다음 날 오후 2시에, 오후 3시를 초과하여 완료될 경우 다음 날 오후 7시에 점퍼를 받아 볼 수 있다(단, 일요일에는 모든 공장이 문을 닫아 발송이 이루어지지 않으므로 익일 배송의 경우 그다음 날 이루어진다).

〈7월 달력 일부〉

일	월	화	수	목	금	토
7	8	9	10	11 주문(11:30)	12	13

일	월	화	수	목	금	토
14	15	16	17	18	19	20

① A, 15일 15:00
② B, 15일 14:00
③ C, 13일 09:00
④ C, 13일 18:00
⑤ D, 13일 15:30

04 Y사는 일본 파견 근무 직원을 모집하고 있다. 다음 공고문과 지원 대상자를 참고할 때, 다음 중 파견될 가능성이 가장 높은 사람은?

〈일본 장기 파견 근무자 모집 공고〉

일본의 선진 기업과 기술 교류를 주재하기 위한 장기 파견 근무자를 모집하고 있습니다. 모집 요건은 다음과 같으며, 유능한 인재 여러분의 많은 지원을 바랍니다.

1. 파견 내용

파견 직렬	예정 인원	파견 기간	근무지
관리직, 기술직, 연구직	1명	1년	일본 시즈오카 현

2. 지원 조건
- 공고일 현재 만 3년 이상의 경력자
- LPT N3 이상인 자
  ※ 급수가 높은 사람을 우대(최고 등급은 N1)
- 관리 · 기술 · 연구 직종 중 하나에 종사하는 자
- 공고일 기준 최근 6개월 내에 사내 규정에 따른 징계를 받지 아니한 자
  ※ 급여 및 복리후생은 사내 규정에 따름

2023년 4월 23일
대외협력부

〈표〉 파견근무 지원 대상자

이름	비고
A	• 입사일 : 2019년 8월 22일 • 소속 부서 및 직렬 : 기술부 기기운영팀 대리 • LPT N3 • 징계 이력 : 없음
B	• 입사일 : 2020년 5월 3일 • 소속 부서 및 직렬 : 관리부 사업지원팀 대리 • LPT N4 • 징계 이력 : 2020년 5월 3일 서면 경고 처분 1회
C	• 입사일 : 2021년 4월 30일 • 소속 부서 및 직렬 : 연구 · 개발부 농법연구팀 연구원 • LPT N2 • 징계 이력 : 없음
D	• 입사일 : 2020년 3월 20일 • 소속 부서 및 직렬 : 연구 · 개발부 종자연구팀 연구원 • LPT N2 • 징계 이력 : 2022년 9월 5일 구두 경고 처분 1회
E	• 입사일 : 2018년 7월 15일 • 소속 부서 및 직렬 : 기술부 기기운영팀 대리 • LPT N1 • 징계 이력 : 2022년 12월 21일 3개월 감봉 처분 1회

① A

② B

③ C

④ D

⑤ E

N대리는 농가에 보급할 사료를 보관할 방안으로 창고 임대 서비스를 이용할 계획이다. 다음 〈창고 임대 요금표〉와 〈업무 지시 메일〉을 참고했을 때, 예상되는 비용은 얼마인가?

〈창고 요금표〉

▶ 20피트 1대 기준 보관료

구분	1층	2층
기본료(10일)	66,000원	43,000원
1일	6,600원	4,300원
1개월(30일)	190,000원	120,000원

▶ 입·출고 시 용역 서비스료(20피트 1대당)

구분	포장	무게	짐하차만	짐하차+1층 입고	짐하차+2층 입고
입고	컨테이너	5T 이하	40,000원	60,000원	100,000원
		5T 초과	60,000원	80,000원	–
	박스	10kg 이하	100,000원	150,000원	250,000원
		10kg 초과	150,000원	200,000원	–

구분	포장	무게	1층 출고만	1층 출고+짐상차	2층 출고+짐상차
출고	컨테이너	5T 이하	40,000원	60,000원	100,000원
		5T 초과	60,000원	80,000원	–
	박스	10kg 이하	150,000원	200,000원	300,000원
		10kg 초과	200,000원	250,000원	–

〈업무 지시 메일〉

날짜	2019. 04. 21
수신인	자재담당부 대리 N 〈n_daeri·ㅇㅇㅇㅇ.co.kr〉
발신인	자재담당부 부장 K 〈k_bujang·ㅇㅇㅇㅇ.co.kr〉
제목	농가 보급용 사료 보관의 건

N대리, K부장입니다. 내일 들어올 농가 보급용 사료를 보관해야 하는데, 우리가 자체적으로 보유하고 있는 창고가 일시적으로 포화 상태라 보관이 어려운 상황입니다. 올해 6월 13일에 새 물류창고가 완공되면 공간이 확보될 테니 그때까지는 외부 업체를 이용해야 할 것 같아요.

우리가 받기로 한 물량이 20피트 컨테이너 5대 분량인데, 이 중 4대는 컨테이너 상태 그대로 보관할 예정입니다. 4톤 정도의 물품이니 2층 보관도 가능할 거예요. 최초 입고 시 가격과 출고 시 가격을 고려해서 2층 보관이 저렴하면 2층에, 1층 보관이 저렴하면 1층에 보관하도록 해 주세요. 최종 입·출고까지 부탁합니다.

그리고 나머지 1대 분량은 박스 형태로 보관해야 하니 1층에 보관해 주세요. 박스당 무게가 10kg을 넘지 않으니 처음 입고될 때는 우리 직원들이 짐 옮기는 걸 도와줄 예정입니다. 업체 측에는 차량에서 내리는 것까지만 부탁해 주시면 됩니다. 다만 출고 시에는 바쁜 시즌인 만큼 업체 측에 상차까지 요청해야 합니다. 견적서 요청해서 전결 처리해 주면 바로 진행할 수 있도록 하겠습니다. 수고해 주세요.

① 2,017,400원

② 2,039,000원

③ 2,217,400원

④ 2,317,400원

⑤ 2,367,400원

06 K사는 부서별로 순서를 정해 대외 봉사활동을 실시하려 한다. 다음 내용을 바탕으로 순서를 정할 때, 가장 적절한 것은?

> • 기획부 : 둘째 주 월요일 기획 발표가 있어 첫째 주에는 아무래도 힘들 것 같습니다.
> • 정보부 : 첫째와 셋째 주 보안 관련 외부교육 일정이 잡혀 있어요.
> • 총무부 : 업무상 매월 마지막 주는 가장 바쁜 주간이라 시간을 내기 어렵습니다.
> • 영업부 : 넷째 주 지방 출장이 잡혀 있어 부서 직원 여러 명이 자리를 비웁니다.
> • 인사부 : 저희 부서는 둘째 주에 봉사하고 싶습니다.

① 총무부 – 영업부 – 정보부 – 기획부 – 인사부
② 총무부 – 인사부 – 기획부 – 정보부 – 영업부
③ 영업부 – 기획부 – 정보부 – 인사부 – 총무부
④ 인사부 – 정보부 – 기획부 – 총무부 – 영업부
⑤ 기획부 – 인사부 – 정보부 – 총무부 – 영업부

07 이번 주 주말 지역 농산물 특별 판매장을 열어 주민들에게 각 지역의 특산품을 합리적인 가격으로 공급하고자 한다. 제시된 조건에 따라 특판장의 장소를 결정할 때, 최종 결정될 후보지는?

〈지역 농산물 특별 판매장 후보지별 평가 현황〉

(단위 : 점)

구분	A	B	C	D	E
유동인구	80	60	75	55	65
접근성	55	75	80	60	70
부지 넓이	70	80	50	90	75
편의시설	60	65	75	70	80

※ 평가요소별 점수를 합하여 가장 높은 점수를 받은 곳을 특판장 장소로 결정한다.
※ 유동인구와 접근성에 각각 30%, 부지 넓이와 편의시설에 각각 20%의 가중치를 곱한다.
※ 최종 점수가 동일할 경우, 유동인구의 평가 점수가 더 높은 곳을 선택한다.

① A
② B
③ C
④ D
⑤ E

[08~09] 다음은 △△산업 사옥 엘리베이터 공사에 관한 입찰공고문 일부이다. 다음을 보고 이어지는 물음에 답하시오.

〈제안서 제출안내 및 입찰공고〉

1. 용역명 : △△산업 사업 엘리베이터 추가 설치 용역
2. 계약기간 : 계약체결일~20×9. 9. 25.
3. 계약방법 : 제한경쟁입찰
4. 공사 내용 : 시방서 참조
5. 기초금액 : 184,000,000원
6. 제안서 제출 자격
   가. 입찰 공고일 현재 건설산업기본법에 의한 전문공사업 중 '승객용 엘리베이터'를 제조물품으로 등록하고 건설산업기본법 제9조에 의한 '승강기설치공사업'으로 등록한 자
   나. 내부 규정에 따른 입찰참가자격의 제한을 받지 않는 자
   다. 중소기업제품 구매촉진 및 판로지원에 관한 법률 제9조 및 동법 시행령 제10조의 규정에 의거 직접생산 확인 증명서(제품명 : 승강기, 세부품명 : 승객용 엘리베이터, 유효기간 시작일이 전자입찰서 제출마감 전일 이전인 것으로 유효기간 내에 있어야 함)를 소지한 자
7. 낙찰자 결정
   가. 예정가격은 기초금액의 ±3% 범위 내에서 작성한 복수예비가격 15개 중 입찰에 참여하는 각 업체가 2개씩 전자 추첨하여 가장 많이 선택된 4개의 예비가격을 산술평균한 금액으로 함
   나. 예정가격 이하로 입찰한 자 중 예정가격의 낙찰하한율(85%) 이상 최저가격으로 제출한 자가 낙찰자로 결정되며 동일 가격 입찰자가 2인 이상일 경우 추첨으로 결정함
   다. 낙찰자의 결정에 있어 관련 법령 혹은 내규 등에 위배되었을 경우 차순위 업체를 낙찰자로 결정함

※ 예비가격 및 낙찰하한가 등의 결정 시 원 단위 미만은 올림

---

08 관련 업체 A~E가 입찰에 참여하여 다음과 같이 예비가격을 추첨하였다. 참여 업체 모두 결격 사유가 없다고 할 때, 낙찰 가능성이 가장 높은 업체는?

구분	추첨 예비가격	입찰가격
A	178,500,000원 / 184,000,000원	184,000,000원
B	180,500,000원 / 186,000,000원	182,500,000원
C	179,500,000원 / 184,000,000원	173,500,000원
D	178,500,000원 / 188,500,000원	162,000,000원
E	186,000,000원 / 188,500,000원	156,500,000원

① A
② B
③ C
④ D
⑤ E

09 입찰 기간 중 용역 입찰 평가 시 가격 외에 기술평가를 함께 진행하라는 정부 지침이 전달되었다. 이에 다음 〈제안서 평가 기준〉에 따라 각 업체를 평가하여 그 결과를 정리하였다. 이 경우 최종 입찰 가능성이 가장 높은 업체는?

<table>
<tr><th colspan="7">〈제안서 평가 기준〉</th></tr>
<tr><th colspan="2">구분</th><th>A</th><th>B</th><th>C</th><th>D</th><th>E</th></tr>
<tr><td rowspan="4">기술평가</td><td>사업수행계획</td><td>18</td><td>19</td><td>14</td><td>9</td><td>14</td></tr>
<tr><td>공가 기간</td><td>12</td><td>9</td><td>17</td><td>11</td><td>12</td></tr>
<tr><td>인력 관리</td><td>11</td><td>8</td><td>9</td><td>11</td><td>16</td></tr>
<tr><td>유지 · 보수</td><td>7</td><td>17</td><td>11</td><td>13</td><td>5</td></tr>
<tr><td colspan="2">가격평가</td><td>(   )</td><td>(   )</td><td>(   )</td><td>(   )</td><td>(   )</td></tr>
</table>

※ 기술평가는 총 70점을 만점으로 한다.
※ 가격평가 시 낙찰하한율 이상 최저가격을 만점(30점)으로 하며 해당 가격과의 차이가 적은 순서대로 6점씩 낮추어 점수를 부여한다. 낙찰하한율 이하의 가격을 제시한 업체는 최저점을 부여한다.

① A
② B
③ C
④ D
⑤ E

[10~11] 다음은 관리팀 직원들의 〈근무평가표〉와 〈연봉 규정〉이다. 이를 보고 이어지는 물음에 답하시오.

〈근무평가표〉

구분	A	B	C	D	E
직무수행능력	8.2	15	14.4	18.6	15.8
직무지식	10.8	10.95	13.05	10.05	12.3
직무청렴도	9.2	4.3	6.5	9.4	5.2
매출기여도	13	17	13.5	12.75	22
조직기여도	9.8	7.4	13.8	14.5	7.4
근태	8.3	5.6	6.6	7.1	4.2

※ 모든 항목을 종합하여 100점 만점으로 최종 평가한다.

〈연봉 규정〉

• 근무평가 결과 총 점수가 60점 이상인 자를 연봉 상승 대상자로 한다.
• 연봉 상승 대상자는 총 점수에 따라 다음과 같은 비율로 연봉을 인상한다.

구분	60점 이상 65점 미만	65점 이상 70점 미만	70점 이상 75점 미만	75점 이상
상승폭	2.5%	3%	3.5%	4%

• 총 점수가 80점 이상인 자는 별도의 규정 적용 대상자로 임원진 면담 후 결정한다.

10 다음은 현재 관리팀 직원들의 20×9년 연봉 현황이다. 위의 〈근무평가표〉와 다음 연봉 현황을 참고했을 때, 인상되는 연봉의 액수가 가장 큰 사람은?(단, 계산 시 천 원 단위 이하는 버린다.)

〈20×9년 연봉 현황〉

구분	A	B	C	D	E
연봉	3,100만 원	3,400만 원	2,500만 원	2,400만 원	2,800만 원

① A
② B
③ C
④ D
⑤ E

11 다음은 사내 〈추가 근무 임금 규정〉 중 일부이다. 관리팀에서 연봉 상승 비율이 가장 높은 직원이 연봉 상승 후 한 달에 16시간의 추가 근무를 하였을 경우 해당 직원이 받을 월급은 얼마인가?(단, 월 급여는 연봉을 12로 나눈 것이며 한 달은 4주로 가정한다. 급여 계산 시 원 단위에서 반올림한다.)

〈추가 근무 임금 규정〉

· 근무시간은 주 5일, 1일 8시간 근무를 기본으로 한다.
· 기본 근무시간 이외에 추가적인 근무가 필요한 경우 고용인은 통상시급의 1.5배에 달하는 액수를 추가 근무시간에 맞게 지급하여야 한다.
※ 통상시급은 월 급여를 근무시간으로 나누어 산정한다.

---

① 2,140,680원　　　　　　　　　② 2,380,560원
③ 2,860,480원　　　　　　　　　④ 3,012,140원
⑤ 3,270,820원

12 K는 ◇◇기획의 신입사원 채용 시험에 지원하여 면접 전형을 앞두고 있다. 면접 당일 K가 받은 수험번호는 23번이다. 다음 〈◇◇기획 면접 전형 안내〉를 참고하였을 때, K가 모든 일정을 마치는 시간은 언제인가?(단, 제시된 시간 외에 이동에 필요한 시간 등은 없는 것으로 간주한다.)

〈◇◇기획 면접 전형 안내〉

▶ 면접 안내
- 면접은 수험번호순으로 진행됩니다.
- 09:00부터 면접 전형이 시작되며 대기자들은 별도의 대기실에서 대기합니다.
- 면접을 모두 마친 지원자는 즉시 귀가하시면 됩니다.
- 점심시간인 12:00~13:00에는 면접이 진행되지 않으며, 점심시간 종료 후 이어서 면접을 진행합니다.
  ※ 점심시간까지 남은 시간이 필요한 면접 시간보다 적은 경우 면접을 진행하지 않고 대기, 점심시간 종료 후 면접을 진행합니다.

▶ 개별 면접
- 09:00부터 A실에서 즉시 개별 면접을 진행합니다.
- 개별 면접은 1:3 면접으로 10분간 3명의 임원진과 질의응답을 나누는 방식으로 진행됩니다.
- 5명의 면접이 종료될 때마다 10분씩 면접관 휴식시간이 있습니다.

▶ 팀 면접
- 개별 면접을 마친 지원자는 3명의 지원자가 모이는 대로 팀 면접을 진행합니다.
- 면접은 B실에서 진행되며, 면접장 입실 후 5분간 자료를 살펴보고 제시된 이슈에 대해 토론을 준비합니다.
- 준비 시간이 끝나면 1명은 찬성의 입장에서, 1명은 반대의 입장에서, 1명은 중재자로서 15분간 토론을 진행합니다.

▶ 인적성 검사 및 면접비 지급 안내
- 팀 면접까지 모두 마친 지원자는 C실에서 5분간 간단한 인적성 검사를 시행합니다.
- 인적성 검사를 마친 후 담당자에게 신원을 확인받고 면접비 및 교통비를 지급받습니다.
- 면접비 및 교통비 지급까지 모두 마친 지원자는 면접 전형을 모두 마친 것으로 귀가하셔도 좋습니다.
- 면접 결과는 합격자와 불합격자 모두에게 별도 공지할 예정입니다.

---

① 14:35　　　　　　　　　　② 14:45
③ 14:55　　　　　　　　　　④ 15:05
⑤ 15:15

[13~15] 한 섬유공장의 공정이 다음과 같다. 다음 내용을 바탕으로 이어지는 물음에 답하시오.

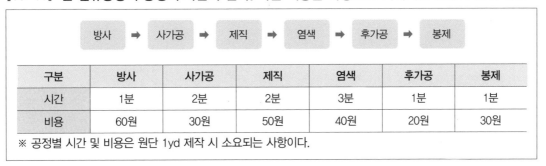

구분	방사	사가공	제직	염색	후가공	봉제
시간	1분	2분	2분	3분	1분	1분
비용	60원	30원	50원	40원	20원	30원

※ 공정별 시간 및 비용은 원단 1yd 제작 시 소요되는 사항이다.

13 위 공정을 거쳐 원단 3,000yd 생산 시 소요되는 비용 및 시간은 얼마인가?

	제작비	소요 시간
①	540,000원	20일 10시간
②	690,000원	20일 20시간
③	720,000원	20일 20시간
④	690,000원	20일 10시간
⑤	720,000원	21일 10시간

14 공정에서 염색을 타 업체에 맡기면 1yd당 3분을 절약할 수 있으나 1yd당 10원의 비용이 발생한다. 제작비에 20%의 마진을 붙여 판매할 때, 3일간 생산하여 판매한다면 기존 대비 판매 이익은 얼마나 차이 나는가?(단, 해당 공정을 절약한 시간만큼 원단을 추가로 생산할 수 있으며 위탁 비용은 판매 이익에서 추후 차감된다. 비용은 10원 미만 절사한다.)

① 2,340원 손해 ② 1,170원 손해
③ 1,170원 이익 ④ 2,340원 이익
⑤ 3,560원 이익

15 최근 신식 장비 도입으로 공정 시간을 크게 단축시킬 수 있게 되었다. 1yd 생산 시 4분으로 줄어들었다면, 기존 대비 시간당 생산량은 약 몇 배인가?

① 1.5배 ② 2배
③ 2.5배 ④ 3배
⑤ 3.5배

[16~17] 다음은 회식 장소로 자주 이용되는 5개 식당의 평가이다. 자료를 바탕으로 이어지는 물음에 답하시오.

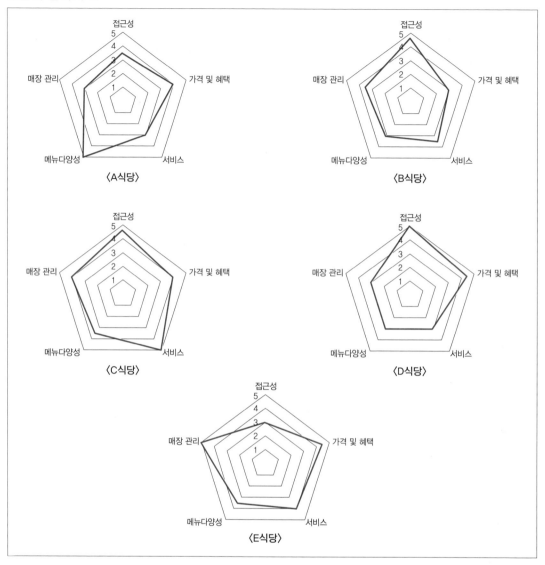

16 J사원은 상사의 지시에 따라 회식 장소를 물색하고 있다. 지시 사항을 참고할 때, J사원이 회식 장소로 예약할 곳은?

> 상사 : 지난번에 갔던 곳은 위치가 좋지 않더군. 이번에는 회사에서 너무 멀지 않게 최대한 가까운 곳으로 정하게. 그리고 예산을 초과하면 안 되니 이 부분도 고려하고. 참, 우리 회사와 제휴가 되는 곳인지도 확인하게.

① A식당　　　　　　　　　　　② B식당
③ C식당　　　　　　　　　　　④ D식당
⑤ E식당

17 5곳 중 평가항목 평균이 가장 높은 곳이 예약 또한 일찍 마감된다. 다음 중 예약이 가장 먼저 마감되는 곳은?

① A식당

② B식당

③ C식당

④ D식당

⑤ E식당

18 총무팀 K대리는 사무실에 비품을 채워 놓으려고 한다. 〈구입 사무 용품〉과 〈업체 정보〉가 다음과 같을 때, 가장 저렴한 비용으로 비품을 구입할 수 있는 업체와 그 가격으로 옳은 것은?

〈구입 사무 용품〉

- A4용지 : 1,000매
- 접착 메모지 : 중형 50개, 대형 20개
- 중성펜 : 50다스
- 파일홀더 : 300개

〈업체 정보〉

구분	A4용지(500매)	중성펜(1다스)	접착 메모지		파일홀더(10개)
			중형(1개)	대형(1개)	
A	45,000원	2,400원	1,300원	2,500원	1,900원
B	46,000원	2,300원	1,500원	2,200원	1,700원
C	43,000원	2,500원	1,400원	2,300원	1,800원

※ A업체는 지류 구매 시 지류 가격의 15%를 할인해 준다.
※ B업체는 총 구매 비용에서 3%를 할인해 준다.
※ C업체는 현재 15,000원 할인 쿠폰을 증정하고 있다.

① A, 368,500원

② B, 363,200원

③ B, 365,690원

④ C, 366,000원

⑤ C, 367,500원

[19~20] J는 상사로부터 다음과 같은 부탁을 받았다. 상황을 바탕으로 이어지는 물음에 답하시오.

오후 4시부터 회의가 있는데, 지금 회사 복합기가 고장이네요. 회사 근처에 복사할 수 있는 곳을 찾아서 A문서는 컬러로 B문서는 흑백으로 각각 10부씩 준비해 줄래요? 파일은 메신저로 전달할게요. 1부만 출력하고, 나머지는 복사하면 될 거예요. A문서는 총 12p, B문서는 총 18p이고, 단면으로 부탁해요.
그리고 기왕 복사하러 간 김에 제본까지 부탁할게요. 제본은 A와 B 각 한부씩을 합쳐서 하면 되고, 무선제본과 스프링제본 중 더 저렴한 쪽으로 하면 됩니다.

19 J가 오늘 아침 작성한 〈to-do list〉이다. 업무 지시는 오전 10시에 받았고, 인쇄소에 소요될 시간은 약 1시간으로 예상된다. 이를 바탕으로 스케줄을 조정할 때, 가장 적절한 방법은?(단, 점심시간은 12:00~13:00이며, 이 시간에는 업무를 하지 않는다.)

〈to-do list〉
□ 10:00 신규 아이템 기획안 작성(~금주)
□ 11:30 시재 점검 및 보고
□ 13:00 거래처 미팅
□ 14:00 홍보자료 시안 전달(금일 중)
□ 15:30 미팅 보고서 작성 및 기안

① 기획안 작성을 미루고 남는 시간에 작성한다.
② 시재 점검을 오후로 미룬다.
③ 거래처 미팅 시간을 1시간 뒤로 변경한다.
④ 미팅 보고서 작성을 생략한다.
⑤ 홍보자료 시안을 나중에 전달한다.

20 J는 회사 인근 인쇄소에 들러 상사가 지시한대로 제본을 의뢰하였다. 이때 지불하게 될 총 비용은 얼마인가?

구분		금액	
		단면	양면
인쇄	컬러	장당 500원	장당 700원
	흑백	장당 30원	장당 50원
복사	컬러	장당 300원	장당 500원
	흑백	장당 20원	장당 30원
제본	무선	권당 2,000원	
	스프링	권당 3,000원	
	중철	권당 6,000원	

① 57,640원   ② 62,180원

③ 64,500원   ④ 67,320원

⑤ 70,490원

21 8월 한 달간 매주 금요일마다 기획부, 총무부, 정보부, 영업부, 인사부 5개 부서에서 대외 봉사 활동을 실시하기로 하였다. 다음은 봉사 후보지 5곳의 정보이다. 회사로부터 멀지 않으면서 평소 봉사 인원이 많지 않고, 평일에도 봉사할 수 있으며, 사설기관이 아닌 곳에서 봉사를 하려고 한다. 다음 중 봉사 장소로 가장 적절한 곳은?

구분	A	B	C	D	E
회사로부터 거리(km)	16	5	1.5	8	3
월평균 봉사 인원(명)	5	20	60	10	15
평일 가능 여부	○	×	○	×	○
사설기관 여부	×	×	×	○	×

① A   ② B

③ C   ④ D

⑤ E

22 K는 여름휴가 때 머무를 숙소를 예약하려 한다. 〈상황〉을 참고할 때 숙박예약사이트 A~E 중 선택할 곳은 어디인가?

〈상황〉

K는 7월 13일부터 4박 5일간 T국의 ○○리조트로 여름휴가를 갈 계획이다. 다만, 업무상 긴급 상황이 발생할 경우에 대비하여 일정을 조정할 가능성을 염두에 두어야 한다. 따라서 일주일 전까지 변경이나 취소가 가능한 곳 중에서 비용이 가장 저렴한 사이트를 통해 예약하려 한다. K는 평소 이용하는 S카드로 숙박비를 결제한다.

〈숙박예약사이트 정보〉

구분	가격(1박 기준)	예약 변경 · 취소	비고
A	240,000원	7일 전까지 가능	3박 예약 시 1박 무료
B	180,000원	15일 전까지 가능	–
C	190,000원	3일 전까지 가능	S카드 결제 시 10% 할인
D	170,000원	불가능	–
E	175,000원	7일 전까지 가능	결제금액의 2% S카드 포인트 적립

① A   ② B

③ C   ④ D

⑤ E

23 R과장의 올해 연봉은 4,000만 원이다. 이번 달 월급으로 3,014,290원을 받았다고 할 때, 다음 〈임금 규정〉을 참고하여 R 대리가 이번 달 몇 시간의 추가 근무를 하였는지 구하면?(단, 계산 시 원 단위 이하는 버리며 한 달은 4주로 가정한다.)

〈임금 규정〉

- 연봉의 22%는 4대 보험 및 퇴직연금보험 비용으로 원천징수한다.
- 기본 근무시간은 주 5일이며 1일 8시간 근무한다.
- 필요에 의한 추가 근무 시 통상시급의 1.5배를 지급한다.
※ 통상시급 : 월 급여÷월 근무 시간

① 15시간   ② 16시간
③ 17시간   ④ 18시간
⑤ 19시간

24 ○○농협에서는 지역 농민들을 위한 농기계 대여 및 이용 서비스를 운영하고 있다. 유지 및 보수, 고장 시 수리 등을 위한 최소의 비용만을 받고 운영하고 있는데, 〈농기계 대여·이용 서비스 안내〉와 〈9월 대여 기록〉을 참고했을 때, 받을 비용은 총 얼마인가?

〈농기계 대여·이용 서비스 안내〉

구분	대여료	비고
트랙터	30,000원/1일	5일 이상 대여 시 총 금액 5% 할인
방제기	25,000원/1일	약품 별도 구매 시 20% 할인
파종기	28,000원/1일	–
선별기	3,000원/1시간	–

※ 사용자 부주의로 기계 고장이 발생할 경우 수리에 필요한 비용이 청구됨
※ 사용자의 부주의와 무관하게 고장이 발생하거나 부품 교체 등이 이루어질 경우 해당 시간의 이용료는 면제됨

〈9월 대여 기록〉

- 9월 3일~9월 12일 : 트랙터 대여
- 9월 8일~9월 10일 : 방제기 대여(약품 별도 구매)
- 9월 22일 10:30~16:30 : 선별기 대여(12:00~14:00 소모성 부품 교환)
- 9월 23일~9월 28일 : 파종기 대여(운전 중 실수로 인한 충돌로 휠 일부 교체 비용 5만 원 발생)

① 605,000원   ② 590,000원
③ 575,000원   ④ 531,000원
⑤ 525,000원

[25~26] 다음은 ○○기업의 업무에 관한 설명이다. 다음을 보고 이어지는 물음에 답하시오.

- ○○기업은 방학 기간 동안 아르바이트를 고용해 운영하고 있다. 업무 특성상 4일마다 근무 시간이 변경되는데, 오전-오후-야간 근무 순으로 변경되며 근무 시간이 변경될 때마다 하루의 근무 변경 휴무가 주어진다.
- ○○기업은 주 6일 근무를 시행하고 있으며 일요일은 휴무이다. 이때 근무 변경 시 주어지는 휴무는 일요일 휴무와는 별개이다.

〈업체 정보〉

일	월	화	수	목	금	토
5 휴무	6 오전 근무	7 오전 근무	8 오전 근무	9 오전 근무	10 근무 변경 휴무	11 오후 근무

25 다음 Y의 7월 근무기록표 일부를 참고했을 때, Y가 이번 달 마지막으로 야간 근무를 한 날은 언제인가?

〈Y의 근무기록표〉

- 7월 2일(월) : 오전 근무
- 7월 10일(화) : 오후 근무
- 7월 6일(금) : 근무 변경 휴무
- 7월 13일(금) : 야간 근무

① 7월 21일
② 7월 23일
③ 7월 25일
④ 7월 28일
⑤ 7월 31일

26 W는 Y와 함께 아르바이트를 하고 있다. W는 Y가 오전 근무를 하는 날 야간 근무를 하고 있으며 근무 변경으로 인한 휴무는 Y보다 하루 늦게 주어진다. Y가 이번 달 1일 야간 근무를 하고 이틀 연속으로 쉬었다면, 이번 달 15일 W의 근무 형태는?

① 오전 근무
② 오후 근무
③ 야간 근무
④ 근무 변경 휴무
⑤ 일요일

27 다음은 〈직원들의 파견 지역〉과 〈국가별 시차〉를 정리한 자료이다. 서울에서 3월 5일 오전 10시부터 40분간 회사 전체 회의를 하려고 한다. 해외로 파견된 직원들은 화상으로 회의에 참석하려고 할 때 참석하지 못하는 직원은 몇 명인가?(단, 업무 시간 내에서만 회의에 참석할 수 있고, 직원들의 업무 시간은 현지 시각 09:00~18:00이다.)

〈직원들의 파견 지역〉

직원	소속	지역
A	영업부	파리
B	기획부	도쿄
C	생산부	베이징
D	개발부	뉴욕
E	기획부	벤쿠버

〈국가별 시차〉

지역	서울	파리	도쿄	베이징	뉴욕	벤쿠버
GMT	+9	+1	+9	+8	−5	−8

① 1명
② 2명
③ 3명
④ 4명
⑤ 5명

28 다음 쇼핑몰 4곳의 배송 및 교환·반품 정보를 토대로 〈보기〉의 구매자가 이용한 쇼핑몰을 바르게 연결한 것은?

쇼핑몰	주문 취소	배송비	교환·반품	포인트 적립
A	주문 후 2일 이내 가능	10만 원 이상 무료	• 교환 배송비 10,000원 • 반품 배송비 5,000원	없음
B	주문 후 7일 이내 가능	5만 원 이상 무료	• 교환 배송비 5,000원 • 반품 배송비 5,000원	구매 금액의 5%
C	취소 불가능	3만 원 이상 무료	제품하자 및 배송오류 시에만 가능 (교환·반품비 무료)	구매 금액의 3%
D	취소 불가능	1만 원 이상 무료	• 교환 배송비 7,000원 • 반품 배송비 7,000원	없음

보기

㉠ 사무실 비품 관리를 담당하는 L씨는 포인트 적립도 해주고 주문 취소 기간도 여유 있는 (　　　) 쇼핑몰을 이용한다.

㉡ S씨는 (　　　) 쇼핑몰에서 원피스를 배송비 없이 10만 원에 구매하였다. 그런데 주문 3일 후 같은 원피스를 만 원 저렴하게 파는 사이트를 발견했다. 그러나 반품 배송비도 높고 주문 취소도 할 수 없어 그냥 입기로 했다.

㉢ J씨는 (　　　) 쇼핑몰에서 500GB 외장하드를 배송비 없이 45,000원에 구매하였다. 그런데 제품 불량으로 인식이 되지 않아 교환을 요청했다. 교환비는 무료였고 구매 시 받은 포인트도 유지되었다.

㉣ Y씨는 사무실 책상에 올려둘 미니 가습기를 (　　　) 쇼핑몰에서 배송비 없이 12,000원에 구매하였다. 그런데 주문 시 실수로 다른 색깔을 선택한 것을 알게 되었다. 그러나 (　　　) 쇼핑몰은 주문 취소가 불가능하고 교환 및 반품 배송비도 비싸서 그냥 쓰기로 하였다.

	㉠	㉡	㉢	㉣
①	A	B	D	C
②	A	C	B	D
③	B	A	C	D
④	B	C	D	A
⑤	C	B	D	A

29 △△상사는 올해 창립 10주년을 맞아 전 직원들에게 나누어 줄 텀블러 250개를 주문하려고 한다. 업체별 금액이 다음과 같을 때, 가장 저렴한 가격으로 제작할 수 있는 업체는?

구분	가격	비고
A	21,000원	100개 이상 주문 시 10% 할인 쿠폰 제공
B	19,000원	100개 초과 주문 시 100개 초과 수량 5% 할인
C	18,000원	주문 수량 50개마다 배송료 20,000원 추가
D	22,000원	주문 수량 50개마다 3%씩 누적 할인(예100개 주문 시 6% 할인)
E	4개당 73,000원	낱개 주문 불가능

① A
② B
③ C
④ D
⑤ E

30 다음은 〈시간외근무 수당 지급 기준〉이다. 지급 기준을 따를 때, 〈사례〉의 갑이 이번 달 지급받게 될 추가 수당 금액은?(이번 달은 30일이며, 토·일요일을 제외한 휴일은 없었다.)

〈시간외근무 수당 지급 기준〉

- 시간외근무는 1일 4시간, 월 57시간을 초과할 수 없다.
- 월간 출근일수가 15일 이상인 경우 10시간에 대한 추가 수당이 지급된다.
- 1일 1시간 이상 시간외근무를 한 경우 평일은 1시간을 공제한 후 분 단위까지 합산하고, 휴일 및 토요일은 공제 없이 분 단위까지 합산하여 월간으로 계산한다.(단, 월 단위 계산 시 분 단위 이하는 제외한다.)
- 조기출근, 지각, 외출 및 조퇴 사용자의 경우에도 근무시간 외에 근무하는 경우 시간외근무 수당을 인정하며, 계산 방식은 평일 계산 방식과 동일하다.
- 시간외수당은 5급의 경우 시간당 11,000원, 6급의 경우 시간당 10,000원이다.

〈사례〉

5급 직원인 갑은 이번 달 평일이었던 8일과 9일 퇴근시간 이후 각각 2시간 35분과 3시간 10분 동안 추가로 근무하였다. 또한 일요일인 13일에는 오전 9시 출근하여 오후 2시까지 근무한 후 퇴근하였다. 14일에는 정해진 시간보다 50분 일찍 출근하여 1시간 40분 늦게 퇴근하였다. 이번 달 갑은 연차를 사용하지 않았고, 지각 및 조퇴도 하지 않았다.

---

① 154,000원
② 190,000원
③ 209,000원
④ 232,000원
⑤ 263,000원

CHAPTER 02

최종 점검 모의고사 2회

01 ◇◇컴퍼니는 20×9년 상반기 신입사원 채용이 예정되어 있다. 이번 신입사원 채용은 그 절차를 개선하여 총 비용을 작년 대비 10%씩 절감하였다. 작년과 올해 신입사원 채용 전형이 동일하다고 할 때, 올해 신입사원 채용에 소요되는 비용은?

〈20×8년 신입사원 채용 비용〉

구분	채용 공고	서류심사	필기시험 (1인당)	PPT 면접 (1인당)	임원진 면접 (1인당)	합격자 공지
비용	120만 원	260만 원	5,500원	6,800원	8,500원	95만 원

〈◇◇컴퍼니 신입사원 채용 전형〉

• 채용 절차 : 서류전형 → 필기전형 → 실무진 면접(PPT) → 임원진 면접 → 최종 합격
• 전형별 선발 인원
  – 필기시험 : 총 5,000명 응시
  – 실무진 면접 : 총 200명 응시
  – 임원진 면접 : 총 100명 응시
  – 최종 합격자 : 총 50명

① 3,446만 원
② 3,226만 4천 원
③ 3,101만 4천 원
④ 3,082만 6천 원
⑤ 3,014만 원

02 K는 올해 이틀 동안 열리는 코믹콘 페스티벌을 참관하려고 한다. 시간 관계상 K는 한 곳의 홀만 방문할 수 있으며 2시간 동안 관람할 예정이다. K는 프라모델과 영화에 관심이 많아 관련 부스가 있는 곳을 방문하고자 하며, 이전부터 팬이었던 배우 에즈라 밀러와의 사진 촬영도 신청하였다. 다음 자료를 참고했을 때, K가 페스티벌에 참가할 시간과 구역으로 가장 적절한 것은?

〈제2회 코믹콘 페스티벌〉

- 일시 : 2023. 08. 03~2023. 08. 05
- 장소 : 코엑스
- 주요 이벤트
  - 그래픽 노블 및 피규어, 프라모델, 게임 업체별 부스 운영
  - 스타 일러스트레이터 사인회 : 8월 3일 15:00~17:00 B홀
  - 디즈니, 픽사 애니메이터의 애니메이션 제작 세션
- 스타 세션 이벤트
  - 마이클 루커(8월 4일)
    - 포토 존 : A홀(11:00~12:00), C홀(15:00~16:00)
    - 사인회 및 Q&A 세션 : C홀(16:30~18:00)
  - 에즈라 밀러(8월 5일)
    - 포토 존 : B홀(10:00~11:00), C홀(17:00~18:00)
    - 사인회 및 Q&A 세션 : B홀(13:00~14:30)
- 부스 운영 업체 정보

A홀	B홀	C홀
그래픽 노블, 애니메이션 원화, 일본 코믹스, 프라모델, 영화, 스낵 존	디즈니&픽사, 일러스트, 모바일 게임, 비디오게임, 일본 코믹스, 코스프레	피규어, 프라모델, 영화, 자동차, 푸드코트, 그래픽 노블

① A홀, 10:00~12:00
② B홀, 09:00~11:00
③ B홀, 13:00~15:00
④ C홀 : 14:00~16:00
⑤ C홀, 16:00~18:00

03 ◇◇유통은 이번에 △△시에 신규 점포를 내려고 한다. 지역 조사 결과 다음과 같은 5곳의 후보지를 추려냈는데, 이 중 30개월간 운영 비용이 가장 저렴한 곳을 선택하려고 한다. 제시된 조건 외에 다른 조건이 모두 동일하다고 했을 때, 다음 중 가장 적절한 곳은?

<신규 점포 후보지 정보>

구분	월 임대료	비고
A	190만 원	월 관리비 20만 원
B	210만 원	–
C	170만 원	초기 인테리어 비용 1,500만 원 소요
D	240만 원	10개월간 임대료 50% 할인
E	160만 원	시설 점검·수리비 1,800만 원 소요

※ 연 운영 비용 : 월 임대료+기타 비용

① A   ② B
③ C   ④ D
⑤ E

04 K는 이번 신규 사업 용역에 입찰한 업체들을 살펴보고 있다. 각 업체에 대한 평가 점수가 다음과 같을 때, 최종 낙찰될 가능성이 가장 높은 업체는?

<사업 입찰 업체 평가표(2018년 9월 25일 기준)>

구분	안정성	사업 수행 능력	사업 비용	품질	사후 관리	벌금·과징금 처분 여부
A	12	26	11	6.5	6.5	없음
B	15	29.5	13.5	8.5	6	2015년 10월 3일
C	18	22	13	11	8	2016년 4월 17일
D	17.5	32	8	9	3.5	없음
E	16.5	25	14	9	5	없음

※ 모든 항목의 점수를 합산하여 최종 평가한다.
※ 최근 3년 내 벌금·과징금 처분이 있는 경우 총점의 10%를 감점한다.

① A   ② B
③ C   ④ D
⑤ E

[05~06] P대리는 파리에 11월 15일 오전 11시까지 도착한 뒤 업무를 마치고 서울에 11월 20일 오후 8시까지 돌아와야 한다. 〈현지 시각〉과 〈비행 스케줄〉을 참고하여 이어지는 물음에 답하시오.

〈현지 시각〉

서울	파리
06:00AM	**10:00**PM
11월 11일 월요일	11월 10일 일요일

〈비행 스케줄〉

■ 서울−파리 노선

편명	출발일	출발시각	비행시간	운임
A8930	11월 15일	06:40	12시간 30분	780,000원
K3814	11월 14일	23:50	14시간 40분	660,000원
X5492	11월 15일	05:50	13시간 5분	720,000원

■ 파리−서울 노선

편명	출발일	출발시각	비행시간	운임
T1235	11월 20일	00:35	12시간 10분	810,000원
L9610	11월 19일	22:55	12시간 40분	770,000원
N8463	11월 19일	21:40	14시간 30분	730,000원

05 P대리가 정해진 시간까지 파리에 도착할 수 있는 비행기 노선과 도착 시간을 바르게 짝지은 것은?(단, 도착시각은 현지 시각을 기준으로 한다.)

	노선	도착시각
①	A8930	오전 9시 10분
②	K3814	오전 7시 30분
③	X5492	오전 10시 55분
④	A8930	오전 10시 10분
⑤	K3814	오전 8시 30분

06 P대리가 예정된 시간에 맞춰 서울과 파리를 왕복할 때 최소 비용은?(단, 제시된 비행기 운임만을 고려한다.)

① 1,390,000원
② 1,430,000원
③ 1,450,000원
④ 1,470,000원
⑤ 1,490,000원

07 다음은 ○○시 지하철 노선도의 일부를 도식화한 것이다. 자료를 참고했을 때, A역에서 F역까지 이동하는 데 소요되는 최단 시간은?

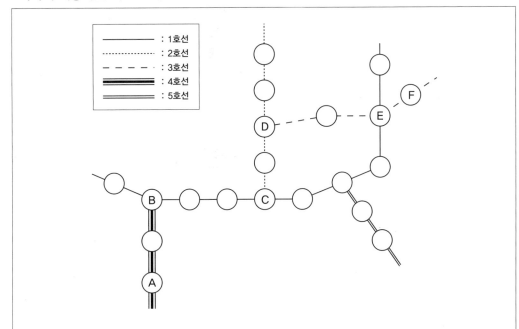

〈○○시 지하철 운행 정보〉

• 역과 역 사이의 운행 소요 시간

1호선	2호선	3호선	4호선
3분	1분 30초	1분	3분

• 환승 소요 시간

B역	C역	D역	E역
5분	3분	6분	3분

※ 정차 시간, 승차 대기 시간, 연착 등 기타 소요 시간은 없는 것으로 가정한다.

① 35분
② 35분 30초
③ 36분
④ 37분 30초
⑤ 38분

[08~09] 다음은 택배 기본 운임 및 거리별 운임 비율이다. 자료를 바탕으로 질문에 답하시오.

■ 기본 운임

소형	중형	대형
10kg/120cm 이하	20kg/140cm 이하	25kg/160cm 이하
4,000	5,000	6,000

※ 무게와 길이(가로+세로+높이) 중 더 큰 쪽을 기준으로 삼음
※ 이손품 및 냉동·냉장육, 한약, 청과물 등 부패 또는 변질되기 쉬운 부패성 화물은 운임의 50% 할증 적용
※ 운송물의 가액을 미리 신고하시면, 손해배상 시 신고가액을 기준으로 배상. 그렇지 않은 경우 최대 50만 원 한도 내에서 배상

■ 거리별 운임(%)

	수도권	강원권	충북권	충남권	전북권	전남권	경북권	경남권	도서
수도권	100	100	100	100	100	100	100	110	200
강원권	100	100	100	100	120	120	100	100	200
충북권	100	100	100	100	100	100	100	100	200
충남권	100	100	100	100	100	100	100	100	200
전북권	100	120	100	100	100	100	100	100	200
전남권	100	120	100	100	100	100	100	100	200
경북권	100	100	100	100	100	100	100	100	200
경남권	110	100	100	100	100	100	100	100	200
도서	200	200	200	200	200	200	200	200	300

■ 취급금지 품목

구분	설명
예술품, 귀중품	박스당 300만 원 초과 물품, 가격을 환산할 수 없는 물품
현금	현금, 어음, 수표, 유가증권 등 현금화 가능한 물품
서신류	우편법상의 제한 물품(예 : 편지, 긴급을 요하는 서류, 화물 등)
중량물	25kg, 160cm 이상의 취급 제한 화물
재생불가품	서류, 필름 등 원본 재생 불가 화물
가치상실품	입학원서, 입사서류 등 시한 초과 시 가치상실물
기타	독극물, 휘발성 물품, 총포류, 도검류, 자동차 배터리, 생·동물 등

08 택배 운송에 관한 문의 및 답변으로 적절하지 않은 것은?

① Q : 택배 기본요금이 어떻게 되나요?

A : 소형의 경우 동일 구역 요금 4,000원이 기본이며, 지역에 따라 거리별 운임이 적용됩니다.

② Q : 보내려는 물건이 무게는 8kg인데, 총 길이가 150cm예요. 둘 중 어떤 쪽을 기준으로 가격이 책정되죠?

A : 무게와 길이 중 더 큰 쪽을 기준으로 적용되므로 대형 화물로 구분됩니다.

③ Q : 택배가 분실된 것 같은데, 어떻게 보상받을 수 있죠?

A : 고객님 정말 죄송합니다. 만약 사전에 운송물 가액을 신고하지 않으셨다면 최대 50만 원 내에서 배상해 드리고, 사전에 운송물 가액을 미리 신고하셨다면 이 금액을 기준으로 배상해 드립니다.

④ Q : 충북에서 다른 지역으로 물건을 보내면 추가 요금이 부과되나요?

A : 충북권의 경우 도서지역을 제외한 나머지 지역은 거리별 추가 요금이 부과되지 않습니다.

⑤ Q : 서울에서 제주도로 그림 한 점을 보내려 하는데요. 무게는 별로 안 나가고, 길이는 130cm예요. 운임이 얼마죠?

A : 문의하신 물품은 중형 화물에 도서지역 운임 적용된 10,000원입니다.

09 ㉠과 ㉡ 배송 운임의 총합은 얼마인가?

㉠ 강원도에서 전라북도로 한우 2kg을 100cm 크기 박스 안에 넣어 배송
㉡ 서울에서 경상남도로 의류 4kg을 140cm 크기 박스 안에 넣어 배송

① 10,300원
② 11,500원
③ 12,700원
④ 13,800원
⑤ 14,500원

[10~11] 다음은 이번 공채로 선발된 신입사원 갑, 을, 병, 정의 성격유형검사 결과이다. 이를 바탕으로 이어지는 질문에 답하시오.

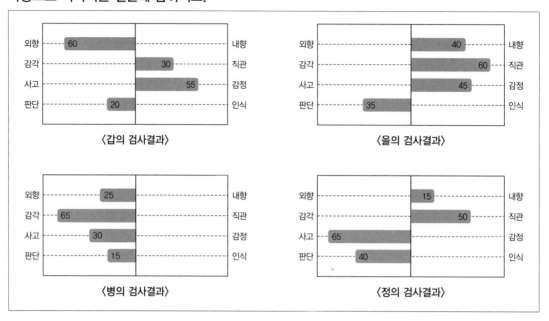

10 갑, 을, 병, 정을 성격 유형에 적합한 부서에 배치할 때 옳은 것을 고르면?

〈각 팀에 부합하는 성격 유형〉

인사팀	재무팀	기획팀	연구팀	영업팀	홍보팀
내향형	외향형	내향형	내향형	외향형	외향형
직관형	감각형	직관형	직관형	직관형	직관형
감정형	사고형	사고형	사고형	감정형	감정형
판단형	판단형	인식형	판단형	인식형	판단형

	갑	을	병	정
①	인사팀	기획팀	재무팀	연구팀
②	영업팀	인사팀	연구팀	기획팀
③	영업팀	연구팀	재무팀	기획팀
④	홍보팀	기획팀	연구팀	인사팀
⑤	홍보팀	인사팀	재무팀	연구팀

11 성격유형검사 수치는 그 성향이 강함을 나타낸다. 해당 수치가 높을수록 팀 적응력도 높다고 가정할 때, 팀에 가장 잘 적응할 인물과 적응력이 가장 낮을 인물을 순서대로 나열한 것은?(단, 감각/직관 항목의 경우 2배의 가중치를 적용한다.)

① 갑, 병
② 을, 갑
③ 을, 병
④ 정, 갑
⑤ 정, 병

12 H공단 총무팀에서는 사옥 이전에 따라 의자와 파티션을 각각 400개씩 구매하고자 한다. 이를 위해 3개 업체로 견적을 받아 다음과 같이 견적 내용을 정리하였다. 필요한 수량을 모자라지 않게 구매할 경우, 업체별 견적 가격이 비싼 업체부터 순서대로 나열한 것은 어느 것인가?(단, 3개 업체 모두 세트 수량으로만 판매하며, 의자와 파티션은 한 업체에서 모두 구매한다.)

업체명	물품	세트당 포함 수량(개)	세트 가격
A산업	의자	100	85만 원
	파티션	60	27만 원
B상사	의자	110	90만 원
	파티션	80	35만 원
C물류	의자	90	80만 원
	파티션	130	60만 원

- A산업 : 파티션 170만 원 이상 구매 시, 총 구매가의 5% 할인
- B상사 : 의자 350만 원 이상 구매 시, 총 구매가의 5% 할인
- C물류 : 의자 350만 원 이상 구매 시, 총 구매가의 20% 할인

① A산업, B상사, C물류
② B상사, C물류, A산업
③ B상사, A산업, C물류
④ C물류, A산업, B상사
⑤ C물류, B상사, A산업

13 다음 글을 근거로 판단할 때, 갑이 미국행 비행기에 탑승하게 될 날짜는?(단, 한국과 미국의 시차는 13시간이다.)

> 갑은 미국에서 주중 3일간 열리는 콘퍼런스에 참석하기 위해 A항공을 이용하여 미국에 방문하려고 한다. 이를 위하여 갑은 한국에서 미국행 비행기에 탑승하며, 한국에서 오전 10시에 비행기에 탑승하면 미국에는 당일 오전 11시에 도착할 수 있다. A항공은 매일 두 차례 한국과 미국 사이의 직항 노선을 운영하며, 매주 수요일에는 오후에 출발하는 항공편만 운행한다. 갑은 콘퍼런스가 열리기 하루 전날 아침에 미국에 도착하려고 한다. 오늘은 12일 화요일이며 갑은 이번 주 내로 항공사 웹 사이트를 통해 미국행 비행기 티켓을 발권할 예정이다.
>
> 갑은 미국 시간으로 콘퍼런스가 끝나는 날 저녁 9시 한국으로 돌아오는 A항공 비행기에 탑승한다. 한국에 도착한 날에는 휴가를 내고 집에서 머문 후, 그 다음 날 출근하여 이번 콘퍼런스 시작일부터 종료일까지 지출된 비용에 대한 지출 결의서를 제출하고, 이달 내에 결재를 받을 예정이다. 갑의 회사는 매달 말일에 이달에 지출된 모든 비용에 대한 지출 결의서의 결재를 일괄적으로 처리하며, 말일이 주말일 경우에는 그 주 월요일에 처리한다. 갑의 회사는 주말을 포함한 모든 법정 공휴일을 휴무일로 지정하고 있으며, 모든 지출 결의서는 해당 비용을 지출한 가장 최근 일자로부터 휴무일을 제외하고 3일 이내에 제출하도록 하고 있다.

① 14일
② 15일
③ 16일
④ 17일
⑤ 18일

14 홍보실 직원 A는 이번에 회사에서 주관하는 세미나를 홍보하기 위한 현수막 제작을 의뢰하려 한다. 한 현수막 제작 업체의 가격 안내가 다음과 같을 때, A의 문의 사항에 대한 답변으로 적절하지 않은 것은?

■ 현수막 가격 안내(규격 사이즈, 장당 가격)

폭 \ 길이	200cm	300cm	500cm
90cm	11,000원	11,000원	13,500원
120cm	11,000원	12,500원	18,000원
150cm	12,000원	15,000원	25,000원

 – 기본 문구 삽입 시 추가 금액 없음. 단, 문구만 제출하고 시안 제작 요청 시 회당 10,000원 추가
 – 이미지 등 고품질 인쇄의 경우 장당 20,000원 추가
 – 동일 규격 및 디자인의 현수막 10장 이상 주문 시 10% 할인, 30장 이상 주문 시 15% 할인 적용

■ 현수막 마감 추가 옵션(개당 가격)

열재단	쇠구멍	각목			로프
		폭 100 이하	폭 120cm 이하	폭 150cm 이하	
0원	1,000원	2,000원	2,500원	3,000원	2,000원

- A의 문의 : 안녕하세요. 현수막 제작 관련하여 문의드립니다. 90×200 사이즈 현수막과 90×500 사이즈 현수막을 주문하고 싶은데요. 우선, 작은 사이즈 현수막은 저희가 텍스트를 보내드리면 적절한 시안을 작성해 주셨으면 합니다. 큰 사이즈는 저희 쪽에서 디자인을 가지고 있는데, 이미지가 포함되어 있어요. 수량은 작은 건 20장, 큰 건 10장 생각 중이고, 작은 것만 현수막 개수만큼 각목과 로프 추가하려 합니다. 견적 알려주세요.
- 답변 : 안녕하세요. 문의하신 부분 답변드립니다. ① 우선 90×200사이즈는 장당 11,000원이고 대량 주문 할인 적용됩니다. ② 텍스트만 보내주실 경우 저희가 시안을 제작해 드리며, 이때 비용 10,000원이 추가됩니다. ③ 90×500 사이즈는 장당 기본 13,500원이나 고품질 인쇄를 원하신다면 장당 33,500원으로 계산됩니다. ④ 할인 적용하면 총 제작비는 508,500원이고요. ⑤ 여기에 마감 옵션 추가하시면 총 609,500원인데, 600,000원에 해드릴게요. 감사합니다.

[15~16] H사는 서울 본사에서 진행하는 3월 정기회의에 런던과 시애틀 지사 소속 직원도 참여할 것을 통보하였다. 회의는 3월 4일과 5일 이틀에 걸쳐 진행될 예정이다. 다음 자료를 바탕으로 이어지는 물음에 답하시오.

- 현지 시간

서울	런던	시애틀
10:00 AM	**01:00** AM	**05:00** PM
3월 4일 월요일	3월 4일 월요일	3월 3일 일요일

- 런던 – 서울 비행스케줄

편명	출발시각	비행시간	운임
L9051	3일 0시 40분	12시간 10분	93만 원
W4265	2일 23시 30분	12시간 40분	88만 원
H5362	2일 20시 50분	16시간 20분	102만 원

- 시애틀 – 서울 비행스케줄

편명	출발시각	비행시간	운임
G7550	2일 17시 30분	11시간 50분	107만 원
T8732	2일 18시 40분	10시간 30분	114만 원
K7682	2일 14시 20분	14시간 30분	97만 원

15 회의 준비를 위해 전날 밤 10시까지 서울에 도착하려 할 때 가능한 항공편 조합은?

	런던 – 서울	시애틀 – 서울
①	L9051	K7682
②	W4265	G7550
③	H5362	T8732
④	L9051	G7550
⑤	W4265	T8732

16 15번 문제에서 가능한 항공편 중 비용을 최소화할 때, 총 운임은 얼마인가?(단, 회의에는 지사별로 2명씩 참석한다.)

① 362만 원 ② 370만 원

③ 380만 원 ④ 400만 원

⑤ 408만 원

[17~18] 다음은 한 배너업체에 공시된 가격이다. 이를 기준으로 H사가 행사 진행에 활용할 배너 제작을 의뢰하려고 한다. 이어지는 물음에 답하시오.

구분	가격	비고
배너(기본)	10,000원	실사천은 12,000원, 페트지는 24,000원 추가
실내거치대	12,000원	단면만 가능
실외거치대	20,000원	양면 5,000원 추가

17 그림에 표시된 곳에 배너를 설치할 때, 총 주문 비용은 얼마인가?(모든 배너는 기본으로 한다.)

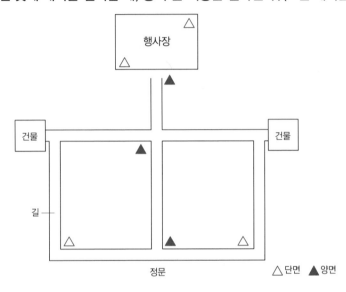

① 194,000원
② 209,000원
③ 216,000원
④ 224,000원
⑤ 239,000원

18 담당자인 K가 상사에게 위 내용을 보고하며 품의서를 올렸으나 상사가 다음과 같이 수정 지시하였다. 이때 17번 문제에서 예상한 비용보다 얼마나 줄어드는가?

> 굳이 이렇게 배너를 많이 설치할 필요가 있을까? 개수는 줄이고, 오히려 더 고가로 설치하는 게 좋을 것 같네. 실내는 그대로 유지하고, 실외는 단면으로만 해서 페트지로 하지. 정문과 행사장 입구에만 설치하면 될 것 같군.

① 63,000원
② 71,000원
③ 87,000원
④ 96,000원
⑤ 105,000원

[19~20] H사는 다음 달 창립기념일 행사가 예정되어 있고, 행사를 마친 후 직원들에게 기념품을 나눠줄 예정이다. 자주 거래하는 기념품 제작 업체 A와 B의 판매품목이 다음과 같을 때 이어지는 질문에 답하시오.

〈A업체〉	
품명	가격
레이저포인터 볼펜	10,120원
스텐 텀블러	7,410원
브랜드 장우산	6,850원
미니 선풍기	7,880원
명함 케이스	12,300원
목걸이형 카드 케이스	8,550원
휴대용 보조배터리	14,800원
USB 메모리	5,410원
만년필	18,300원
디퓨저	11,680원

〈B업체〉	
품명	가격
탁상시계	13,940원
디퓨저	12,600원
USB 가습기	14,340원
목걸이형 카드 케이스	8,400원
블렌딩 텀블러	7,300원
고급 무릎담요	5,360원
수건 2p 세트	8,720원
미니 선풍기	8,000원
블루투스 스피커	15,200원
3단 우산	5,600원

19 창립기념일 행사 기념품을 선정하기 위한 회의를 진행하고 있다. 다음 회의 내용을 따를 때, 최종 선정될 기념품으로 가장 적절한 것은?

> 김 대리 : 기념품은 아무래도 실용적인 게 가장 좋겠죠? 특히, 사무실에서 자주 사용할 수 있는 걸로 정하죠.
> 최 사원 : 요즘에 만년필 사용하는 분들도 많던데, 어떤가요?
> 박 주임 : 음, 익숙하지 않은 사람이라면 한 번도 사용하지 않을 가능성이 높지 않을까요? 저는 텀블러가 가장 무난하다고 생각해요.
> 서 주임 : 디퓨저는 어떨까요? 종류도 다양하고, 요즘 많이들 찾는 추세던데요.
> 정 사원 : 저는 개인적으로 디퓨저가 좋지만 이건 취향을 탈 것 같습니다. 우산도 자주 잃어버리니 괜찮을 것 같은데요?
> 김 대리 : 자, 단가를 7,000원에서 9,000원으로 제한하도록 하죠.
> 홍 사원 : 음 그렇다면, 텀블러는 일단 많이들 가지고 계신 듯하니, 미니 선풍기는 어떨까요?
> 양 사원 : 그것 좋은데요?
> 이 주임 : 저도 제시한 품목들 다 괜찮지만, 그래도 고르자면 요즘 날씨 탓에 반응은 선풍기가 가장 좋을 것 같아요.

① 디퓨저
② 만년필
③ 미니 선풍기
④ 우산
⑤ 텀블러

20 19번 문제에서 선택한 기념품을 200개 주문하려 한다. 현재 B업체에서 100개 이상 구매 시 2% 할인 행사를 진행하고 있다. 비용이 더 저렴한 곳을 선택할 때, 주문 제작을 위탁할 업체와 금액으로 옳은 것은?

	업체	비용
①	A	1,568,000원
②	A	1,576,000원
③	A	1,582,000원
④	B	1,568,000원
⑤	B	1,576,000원

21 다음은 대외협력팀의 〈10월 외부 기술 교육 및 기기 시연 스케줄〉 표이다. 이와 함께 〈기술 교육 및 기기 시연 교육비 지급 기준〉을 참고했을 때, 10월 26일 교육비로 지급될 금액은?

〈10월 외부 기술 교육 및 기기 시연 스케줄〉

일시	내용	참여 인원	비고
10월 8일(월) 14:00~18:00	기술 교육	K부장, Y대리, L주임	
10월 11일(목) 11:30~14:30	기기 시연	M대리, L주임, C사원	중식 포함
10월 17일(수) 13:00~17:00	기술 교육	K부장, L주임	
10월 26일(금) 16:00~21:00	기술 교육	K부장, Y대리, L주임, C사원	석식 포함
10월 30일(화) 17:00~20:00	기기 시연	Y대리, M대리, C사원	석식 포함

※ 근무시간은 평일 09:00~18:00이다.
※ 외부 교육 및 시연 시 식사시간도 근무시간에 포함한다.

〈기술 교육 및 기기 시연 교육비 지급 기준〉

▶ 기본 교육비 지급
다음 직급별 시급에 따라 지급한다.

구분	부장	대리	주임	사원
기술 교육	18,000원	15,000원	13,000원	10,000원
기기 시연	16,000원	14,000원	11,000원	9,000원

▶ 식사 비용
• 중식 : 1인당 10,000원
• 석식 : 1인당 13,000원

▶ 근무시간 외 교육 및 시연 시
근무시간 외의 시간에 외부 교육 및 시연을 할 경우 해당 교육 시간에 대해서는 직급별 교육비의 1.3배를 지급한다.

① 280,000원   ② 330,400원
③ 332,000원   ④ 382,400원
⑤ 389,600원

[22~23] 다음은 〈국외출장 여비 지급 규정〉이다. 내용을 바탕으로 질문에 답하시오.

〈국외출장 시의 여비 지급 규정〉

국외출장 시 운임, 일비, 숙박비, 식비를 지급한다. 여비는 도착한 날부터 체류 기간 전체에 대하여 지급된다.

1. 국외철도/선박 운임 지급 기준
   – 철도/선박운임에 2등급 이상의 등급 구별이 있는 경우에는 최상등급의 철도운임
   – 철도/선박운임에 등급 구별이 없는 경우에는 그 승차에 요하는 실비액

2. 국외항공운임 지급 기준
   [별표] 지급 구분 기준에 따라 1호 해당자는 1등 정액, 그 이외는 2등 정액

3. 국외여비정액표(단위 : 미 달러)

구분	일비(1일당)	숙박비(1박당)	식비(1일당)
1호	60	150	100
2호	50	120	80
3호	40	100	60

4. 동일지역 장기체재 중 일비의 감액

동일지역에 장기간 체재하는 경우, 일비는 도착한 날부터 기산하여 15일까지는 정액 지급하며, 16일째부터는 다음과 같은 기준에 따라 감액하여 지급한다. 단, 장기체재 중 다른 지역에 출장을 간 기간은 감액일수에서 제외한다.

구분	초과 기간(일수)	정액 대비 감액 비율
도착일부터 15일까지	정액 지급	
도착한 날부터 15일을 초과한 경우	16일~30일째(15일)	10분의 1
	31일~60일째(30일)	10분의 2
	61일 이상	10분의 3

[별표] 지급 구분

1호	2호	3호
3급 이상	4급	5급 이하

---

22 4급 직원 R과 6급 직원 G는 이번에 연수 목적으로 2박 3일간 해외 출장을 다녀왔다. 출장 기간 중 이들이 지출한 항공운임은 총 1,452,000원이었다. R과 G에게 지급된 총 여비는 우리 돈으로 얼마인가?(단, 1$는 1,100원이다.)

① 1,243,000원
② 1,716,000원
③ 2,552,000원
④ 2,695,000원
⑤ 2,937,000원

23 3급 직원인 J는 해외 장기 출장을 마치고 얼마 전 귀국했다. 5월 1일 목적지에 도착한 후 8월 10일까지 머물렀으며, 7월 15일부터 28일까지는 다른 지역으로 출장을 갔다. 이때, 갑이 지급받는 총 일비는?(단, 이동 시 일비는 중복 지급되지 않는다.)

① 4,305달러
② 4,914달러
③ 5,166달러
④ 5,749달러
⑤ 6,388달러

24 사내 워크숍 기획 담당이 된 T대리와 K주임, F주임은 워크숍 프로그램에 대한 회의를 진행하려고 한다. 각자의 업무 일정을 고려하여 회의하려고 할 때, 다음 중 가장 적절한 시간은?(단, 회의는 업무 시간인 09:00~18:00 사이에 진행되어야 하며 점심시간인 12:00~13:00에는 회의하지 않는다.)

> T대리 : 이번 워크숍과 관련해서 회의를 진행해야 할 것 같은데, 시간이 얼마 남지 않은 만큼 내일 꼭 회의를 진행해야 할 것 같습니다. 각자 업무 일정을 확인해보고 적절한 시간에 회의를 진행하도록 하죠. 회의는 1시간 내로 끝내는 것으로 합시다.
> K주임 : 저는 오전 10시부터 2시간 동안 지난달 실적 보고가 있습니다. 본부 전체를 대상으로 하는 보고라서 오전 중에는 여기에 신경을 쏟아야 할 것 같습니다.
> F주임 : 전 오전 중에는 특별한 일정이 없는데, 점심시간이 끝나자마자 사내 전산망 서버 장비 교체가 예정되어 있습니다. 2시간 정도 소요될 예정입니다.
> T대리 : 저도 9시부터 2시간 동안 외부 미팅이 있어서 오전 중에는 힘들 것 같네요. 오후에는 2시부터 2시간 동안 자재 수량 조사가 예정되어 있는데, 저와 다른 직원 둘이서 담당하도록 되어 있는 일이라 미리 이야기하면 한 시간 정도 앞당기거나 뒤로 미룰 수 있을 것 같습니다.
> F주임 : 아, 전 오후 4시에 예정된 사내 안전교육에만 지장이 없다면 다른 시간에는 움직일 수 있습니다.
> K주임 : 저도 오후 다섯 시에 있는 미팅에만 지장이 없다면 다른 시간에는 회의하는 데 문제없을 것 같습니다.

① 10~11시
② 11~12시
③ 13~14시
④ 15~16시
⑤ 16~17시

25 L사 홍보팀에 근무하는 조 대리는 사내 홍보 행사를 위해 행사 관련 준비를 진행하고 있다. 행사장 관련 자료와 추가 물품 설치 목록이 다음과 같을 때, 추가 물품 설치에 필요한 비용은 모두 얼마인가?

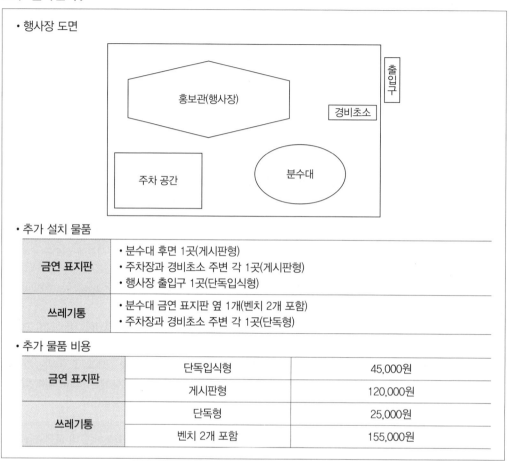

• 행사장 도면

홍보관(행사장)

출입구

경비초소

주차 공간

분수대

• 추가 설치 물품

금연 표지판	• 분수대 후면 1곳(게시판형) • 주차장과 경비초소 주변 각 1곳(게시판형) • 행사장 출입구 1곳(단독입식형)
쓰레기통	• 분수대 금연 표지판 옆 1개(벤치 2개 포함) • 주차장과 경비초소 주변 각 1곳(단독형)

• 추가 물품 비용

금연 표지판	단독입식형	45,000원
	게시판형	120,000원
쓰레기통	단독형	25,000원
	벤치 2개 포함	155,000원

① 520,000원

② 550,000원

③ 580,000원

④ 610,000원

⑤ 640,000원

26 총무팀 차 대리는 볼펜 1,500개와 투명 파일 500개를 구매하고자 두 군데 업체로부터 견적서를 받아 다음과 같이 비교표를 작성하였다. 비교표를 보고 판단한 내용 중 적절하지 않은 것은?(단, 두 물품을 한 업체에서 모두 구매한다고 가정한다.)

구분	볼펜	투명 파일	비고
갑을상사	300원/개 세트 판매(200개/세트)	1,200원/개 낱개 판매 가능	백만 원 이상 구매 시 구매금액의 5% 할인
병정물산	350원/개 낱개 판매 가능	1,100원/개 세트 판매(60개/세트)	백만 원 이상 구매 시 구매금액의 7% 할인

① 갑을상사에서 구매하는 것이 더 저렴하다.
② 두 업체의 총 구매금액 차이는 2만 원보다 작다.
③ 두 업체의 할인을 적용하지 않으면 더 저렴한 업체가 바뀐다.
④ 할인된 금액은 병정물산이 더 많다.
⑤ 할인과 세트 판매가 모두 없을 경우 갑을상사에서 구매하는 것이 더 저렴하다.

[27~28] 올해 전사 워크숍 장소를 결정하기 위해 팀별로 희망지역을 조사하였다. 팀별 정보와 희망지역별 숙소 현황을 참고하여, 이어지는 물음에 답하시오.

〈팀별 참가인원 및 희망지역〉

구분	연구개발팀	인사팀	영업팀	사업지원팀	설비팀
참가인원	25명	30명	15명	35명	25명
희망지역	경주, 부산	속초, 제주	속초, 전주	부산, 양양	경주, 전주

〈지역별 숙소 현황〉

장소	A	B	C	D	E	F
소재지	경주	부산	속초	양양	전주	제주
객실구성	4인 25실 3인 12실	6인 25실	4인 16실 3인 20실	5인 15실 4인 10실	6인 15실 3인 10실	5인 20실 4인 10실
투숙가능인원	136명	150명	124명	115명	120명	140명

27 팀별 희망지역과 투숙 가능 여부를 고려할 때 후보지로 적절한 2곳은?

① A, B
② A, E
③ B, C
④ C, E
⑤ D, F

28 27번에서 선택한 두 곳 중 숙박비가 저렴한 곳을 최종 선택할 계획이다. 참여인원 중 남직원과 여직원의 비율이 3:2일 때, 지불하게 될 숙박비는?(단, 워크숍은 1박 2일로 진행되며, 3인실은 55,000원, 4인실은 70,000원, 5인실은 90,000원, 6인실은 100,000원으로 지역별 객실료가 동일하다.)

① 2,155,000원　　　　　　　　　　　② 2,200,000원

③ 2,250,000원　　　　　　　　　　　④ 2,300,000원

⑤ 2,355,000원

[29~30] 다음은 차량 대여 업체 S의 요금 기준이다. 자료를 바탕으로 이어지는 물음에 답하시오.

〈차량 대여 업체 S의 서비스 요금 안내〉

• 차량 정보

구분	소 · 중형			대형	
	A	B	C	D	E
평일 대여료(월~목)	45,000원	80,000원	110,000원	80,000원	110,000원
주말 대여료(금~일)	55,000원	90,000원	130,000원	100,000원	130,000원

※ 대여료는 1일 기준이며 시간 단위로 요금이 할인되지 않습니다.

• 보험료

구분	a	b	c
보험료	100,000원	70,000원	30,000원

29 J사 영업지원팀 사원 5명은 지난주 지방으로 출장을 다녀왔다. 다음 중 차량 이용에 가장 많은 비용을 지불한 사원은 누구인가?(단, 주어진 조건 외의 비용은 고려하지 않는다.)

① 금~일요일 A차량을 대여한 Q사원(보험 a 이용)

② 화~수요일 C차량을 대여한 W사원(보험 c 이용)

③ 목~금요일 B차량을 대여한 P사원(보험 a 이용)

④ 수~목요일 E차량을 대여한 R사원(보험 c 이용)

⑤ 일~월요일 D차량을 대여한 T사원(보험 b 이용)

30 K는 이번 주 토요일 'G카 셰어'에서 A차량을 대여하려고 한다. 다음 자료를 참고했을 때 몇 시간 이내로 사용해야 업체 S에서 1일을 대여하는 것보다 저렴한가?(단, 제시된 자료 외에 추가 발생 비용은 없다고 가정한다. 또한 업체 S의 A차량의 연비는 15km/L로 휘발유를 사용하며, 유류비는 L당 1,650원이다.)

〈G카 셰어 차량 요금표〉

차종	모델	주말 대여요금	주중 대여요금	주행요금
소형	A	600원	450원	110원

※ 대여요금은 10분 기준이며 주행요금은 1km 기준이다.
※ 유류비는 대여요금에 포함되어 있다.

- K는 그날 총 90km를 이동할 예정이다.
- 차량 보험료가 3만 원인 보험에 가입한다.
- K는 'G카 셰어'의 제휴 카드 사용으로 대여요금의 15%를 할인받을 수 있다.

① 17시간 30분
② 17시간 40분
③ 17시간 50분
④ 18시간
⑤ 18시간 10분

01 다음 법조문을 근거로 판단할 때, 도시재생활성화 후보지역 갑, 을, 병, 정, 무 중 도시재생 사업이 가장 먼저 실시되는 지역은?

제 00조 이 법에서 사용하는 용어의 뜻은 다음과 같다.
　1. 도시재생이란 인구의 감소, 산업구조의 변화, 주거환경의 노후화 등으로 쇠퇴하는 도시를 지역역량의 강화, 지역자원의 활용을 통하여 경제적 · 사회적 · 물리적 · 환경적으로 활성화시키는 것을 말한다.
　2. 도시재생활성화지역이란 국가와 지방자치단체의 자원과 역량을 집중함으로써 도시재생사업의 효과를 극대화하려는 전략적 대상지역을 말한다.
제 00조 ① 도시재생활성화지역을 지정하려는 경우에는 다음 각 호 요건 중 2개 이상을 갖추어야 한다.
　1. 인구가 감소하는 지역 : 다음 각 목의 어느 하나에 해당하는 지역
　　가. 최근 30년간 인구가 가장 많았던 시기 대비 현재 인구가 20% 이상 감소
　　나. 최근 5년간 3년 이상 연속으로 인구가 감소
　2. 총 사업체 수가 감소하는 지역 : 다음 각 목의 어느 하나에 해당하는 지역
　　가. 최근 10년간 사업체 수가 가장 많았던 시기 대비 현재 사업체 수가 5% 이상 감소
　　나. 최근 5년간 3년 이상 연속으로 사업체 수가 감소
　3. 전체 건축물 중 준공된 후 20년 이상된 건축물이 차지하는 비율이 50% 이상인 지역
제 00조 도시재생활성화지역으로 가능한 곳이 복수일 경우, 전 조 제1항 제1호의 인구기준을 우선시하여 도시재생사업을 순차적으로 진행한다. 다만 인구기준의 하위 두 항목은 동등하게 고려하며, 최근 30년간 최다 인구 대비 현재 인구비율이 낮을수록, 최근 5년간 인구의 연속 감소 기간이 길수록 그 지역의 사업을 우선적으로 실시한다.

〈표〉 도시재생활성화 후보 지역

구분		갑	을	병	정	무
인구	최근 30년간 최다 인구 대비 현재 인구 비율	64%	81%	83%	98%	64%
	최근 5년간 인구의 연속 감소 기간	4년	3년	1년	5년	3년
사업체	최근 10년간 최다 사업체 수 대비 현재 사업체 수 비율	96%	94%	94%	97%	96%
	최근 5년간 사업체 수의 연속 감소 기간	3년	4년	3년	2년	2년
전체 건축물 수 대비 준공된지 20년 미만인 건축물 비율		49%	43%	57%	51%	65%

① 갑　　　　　　　　　　② 을
③ 병　　　　　　　　　　④ 정
⑤ 무

02 M사의 직원 채용시험 최종 결과와 채용 기준이 다음과 같을 경우, 5명의 응시자 중 가장 많은 점수를 얻어 최종 합격자가 될 사람은 누구인가?

<최종 결과표>

구분	응시자 A	응시자 B	응시자 C	응시자 D	응시자 E
서류전형	84점	82점	93점	90점	93점
1차 필기	92점	90점	89점	83점	92점
2차 필기	92점	89점	92점	95점	90점
면접	90점	92점	94점	91점	93점

<각 단계별 가중치>

서류전형	1차 필기	2차 필기	면접
10%	15%	20%	5%

※ 면접을 제외한 3개 항목 중 어느 항목이라도 5명 중 최하위 득점이 있을 경우(최하위 점수가 90점 이상일 경우 제외), 최종 합격자가 될 수 없다.
※ 동점자는 가중치가 높은 항목의 고득점자를 우선한다.

① 응시자 A
② 응시자 B
③ 응시자 C
④ 응시자 D
⑤ 응시자 E

03 한국에서 출발하여 제3국에 위치한 A 또는 B 또는 C공항을 경유하여 최종 목적지인 쿠웨이트로 이동하고자 한다. 각 이동방법에 따른 시간, 거리, 요금이 다음과 같을 때 이에 관한 설명으로 옳은 것은?(단, 환승 시 소요되는 추가 시간은 없다고 가정한다.)

노선	시간	거리	요금
한국 → A공항	2시간 30분	2,700km	85만 원
한국 → B공항	3시간	2,850km	80만 원
한국 → C공항	3시간 20분	2,900km	70만 원
A공항 → 쿠웨이트	6시간 10분	5,300km	120만 원
B공항 → 쿠웨이트	5시간 20분	5,000km	125만 원
C공항 → 쿠웨이트	5시간 40분	5,500km	140만 원

① A공항을 경유하는 방법은 가장 적은 시간이 걸린다.
② B공항을 경유하는 방법은 가장 짧은 거리를 비행하는 방법이다.
③ B공항과 C공항을 경유하는 방법의 요금은 동일하다.
④ 시간과 요금만 고려하면, A공항을 경유하는 방법이 가장 경제적이다.
⑤ A공항을 경유하는 방법은 가장 많은 시간이 걸린다.

04 1년에 40,000km를 주행한다고 할 때, 다음 다섯 차종 중 하나를 구매하여 2년간 사용할 경우 가장 적은 경비가 소요되는 것은 어느 것인가?(단, 자동차 이용에 따른 총 경비는 구매 가격과 연료비의 합으로 산정하고, 5년간 연료비 변동은 없다고 가정한다. 또한 금액은 천 원 단위에서 반올림한다.)

■ 차종별 특징

제조사	차량 가격(만 원)	연료 용량(L)	연비(km/L)	연료 종류
A사	2,000	55	13	LPG
B사	2,100	60	10	휘발유
C사	1,950	55	14	LPG
D사	2,050	60	12	경유
E사	2,100	55	12	휘발유

■ 연료별 리터당 가격

LPG	800원
휘발유	1,500원
경유	1,200원

① A사 차량
② B사 차량
③ C사 차량
④ D사 차량
⑤ E사 차량

05 다음은 어떤 회사의 당직 근무에 대한 자료이다. 당직 근무 계획을 검토한 직원들의 반응으로 적절한 것은 어느 것인가?

■ 하계 당직 근무 계획표
- 근무 기간 : 7월 1일~8월 31일(토 · 일요일, 공휴일 포함)
- 근무 부서 : 총무팀(6명), 기획팀(7명)
- 총무팀 1명과 기획팀 1명이 2인 1조로 한 조를 이루어 하루에 한 조씩 근무한다.
- 7월 1일은 일요일이며, 회사 내부 공사 기간인 8월 13~14일, 8월 24~25일에는 당직 근무를 하지 않는다.

■ 팀별 당직 근무 순서

총무팀	최 대리 → 조 과장 → 나 사원 → 신 과장 → 박 대리 → 양 대리 (6명)
기획팀	김 사원 → 정 사원 → 강 대리 → 이 대리 → 남 과장 → 송 대리 → 한 사원 (7명)

- 근무자 순서에 따라 순차적으로 반복하여 근무한다.
- 총무팀 나 사원과 기획팀 송 대리부터 당직 근무를 한다.

---

① 조 과장 : 나는 남 과장과 함께 근무를 서는 날이 없군.
② 한 사원 : 8월 마지막 주에는 김 사원과 내가 근무가 없군.
③ 최 대리 : 하계 기간 중 우리 팀에서는 3명은 9번, 3명은 10번 근무를 서게 되는군.
④ 김 사원 : 나는 평일에만 근무를 서게 되는군.
⑤ 송 대리 : 우리 팀에서는 나 혼자만 가장 근무를 많이 서는 셈이군.

06 다음 직원들의 스케줄을 참고할 때, 모든 직원이 참여하여 1시간가량의 중요 회의를 진행할 수 있는 가장 적절한 시간은 언제인가?(단, 12:00~13:00는 점심시간이며, 점심시간에는 회의를 진행하지 않는다.)

구분	미팅	출장	업무	외출
부장	10:00~11:00 15:30~16:00		13:00~14:30	
차장				11:00~12:00
과장		14:00~15:00	13:00~14:00	
대리		09:00~12:00	17:30~18:00	
주임	17:00~18:00		09:00~10:00	

① 11:00~12:00 　　　　　　　　② 13:00~14:00
③ 13:30~14:30 　　　　　　　　④ 14:30~15:30
⑤ 16:00~17:00

07 홍보팀 남 대리는 회사를 출발하여 A, B, C, D 4개 거래처를 방문하여야 한다. 장소 간 이동 시간이 다음 표와 같을 때, 방문 순서에 상관없이 4개 거래처를 모두 방문하는 데 걸리는 가장 짧은 시간은?(단, 거래처에서 머무는 시간은 고려하지 않고 이동 시간만을 계산하며, ×표시된 구간으로는 이동이 불가능하다.)

구분		도착지				
		회사	A	B	C	D
출발지	회사	–	2시간 15분	45분	×	×
	A	×	–	×	1시간 30분	3시간 45분
	B	45분	1시간 30분	–	×	×
	C	1시간 30분	×	×	–	45분
	D	×	×	45분	45분	–

① 4시간 　　　　　　　　　　② 4시간 15분
③ 4시간 30분 　　　　　　　　④ 4시간 45분
⑤ 5시간

08 다음은 홍보팀이 준비 중인 행사에 필요한 A용품의 시간당 대여료를 요금제에 따라 비교한 자료이다. 다음 중 요금제에 대한 적절한 설명으로 옳은 것만을 〈보기〉에서 모두 고르면?(단, 1분을 초과해도 시간을 초과한 것으로 간주한다.)

구분	기본요금	시간당 요금
제1요금제	15,000원/1시간	1,000원/매 초과 30분
제2요금제	17,000원/3시간	1,300원/매 초과 30분

보기

ⓐ A용품을 4시간 이상 대여할 경우 제1요금제의 대여료가 더 저렴하다.
ⓑ 대여 시간이 길어질수록 두 요금제의 대여료 차이가 좁혀지면서 결국 대여료 역전이 일어나게 된다.
ⓒ 3시간 이상 대여할 경우 두 요금제의 대여료가 똑같아지는 시간대는 없다.
ⓓ 대여 시간이 6시간을 초과할 경우에는 제1요금제의 대여료가 더 저렴하다.

① ㉠, ㉡
② ㉠, ㉡, ㉢
③ ㉠, ㉡, ㉣
④ ㉡, ㉢
⑤ ㉡, ㉢, ㉣

09 K부장은 지난 7월 해외 출장을 다녀왔다. 다음 자료를 참고했을 때, K부장이 출장을 다녀온 도시로 옳은 것은?

K부장은 해외 영농업 사례 조사차 출장을 다녀왔다. 서울에서 7월 21일 오전 8시 30분 비행기를 타고 출발하였고, 도중에 경유지에서 비행기를 환승하여 총 15시간 동안 비행하였다. 도착 후 3일 동안 업무를 수행하였고, 4일째 되는 날 현지 시간 오전 9시 비행기를 탑승, 12시간의 비행 후에 인천공항에 도착하였다. 도착 직후 서울의 시간을 확인하니 7월 25일 오전 8시였다.

〈도시별 기준 시차〉

밴쿠버*	상파울루*	부에노스 아이레스	런던*	아테네*	모스크바	서울
−8	−3	−3	0	+2	+3	+9

※ *표시된 도시는 서머타임 시행 중인 곳으로, 해당 도시는 서머타임 기간 동안 기준 시차보다 1시간을 앞당겨(+1) 생활함

① 모스크바
② 부에노스아이레스
③ 런던
④ 상파울루
⑤ 아테네

10 다음은 공기청정기를 구입하고자 하는 갑과 을이 A~E제품의 사양 비교표를 보고 나눈 대화이다. 갑과 을에게 적절한 제품으로 바르게 짝지어진 것은?

구분	A	B	C	D	E
면적	90m²	91m²	49.5m²	39.6m²	77.2m²
에너지 소비	90W	75W	45W	33.5W	90W
특장점	99% 정화	7.5m까지 바람 전달	황사 탈취, 새집증후군용	좁은 면적에 최적화	99.9% 정화, 습도 체크
출고가	103만 원	121.9만 원	89만 원	렌탈 전용	68만 원
월 렌탈비	해당 없음	4.9만 원	3.7만 원	2.9만 원	해당 없음

갑 : 공기청정기를 하나 구입할까 하는데 뭐가 좋을지 모르겠어.

을 : 아, 그래? 마침 우리 집도 새 걸로 좀 바꾸려고 하는데.

갑 : 우린 처음 사는 건데, 가격이 좀 부담돼서 렌탈을 할까 하는데 월 5만 원 한도 내에서 비용을 고려하고 있고, 이사 갈 집의 거실 면적이 50m² 정도 되니까 그 정도 면적에 알맞은 제품이면 좋겠어.

을 : 그렇구나. 우린 이미 쓰던 제품이 전기를 100W나 소모해서 교체를 좀 할까 해. 이전 제품보다 적어도 25% 정도는 전기가 절약됐으면 좋겠고, 애 방에만 좁은 면적용으로 하나 놔 주려고 하네. 자네 말을 들으니 우리도 렌탈을 하는 게 더 낫겠어.

	갑	을
①	A	B
②	A	D
③	B	E
④	C	D
⑤	C	E

11 취미 생활로 평소 공방을 다니며 목공기술을 익힌 임 과장은 휴가를 맞아 앞마당에 설치할 야외 구조물을 직접 만들어보려고 한다. 다음 비교표를 검토한 임 과장이 선택해야 할 가장 저렴한 구조물은 어느 것인가?

구분	사이즈(cm)	m³당 자재비	m³당 부자재비	m³당 자재운임
A구조물	250×300×150	12,000원	5,000원	7,500원
B구조물	200×250×200	20,000원	7,500원	6,500원
C구조물	330×320×200	16,000원	6,500원	7,800원
D구조물	220×270×130	20,000원	5,500원	6,700원
E구조물	200×250×100	26,000원	6,000원	6,300원

① A구조물   ② B구조물
③ C구조물   ④ D구조물
⑤ E구조물

12 다음은 A센터에서 운영하는 겨울방학 문화강좌 프로그램 안내문이다. 안내문을 참고할 때, 아이와 함께 문화강좌를 신청하기 위해 A센터를 찾은 H씨가 작성한 수강 신청서 내역으로 가장 적절한 것은 어느 것인가?(단, H씨의 아이는 학생이며, 두 사람은 같은 날 A센터에서 수강하려고 한다. H씨는 두 사람의 3개월 수강료로 110,000원 이하를 지불하고자 하며, 먼저 강좌를 마친 사람은 30분 이내로 기다렸다가 함께 귀가하고자 한다.)

구분	강좌명		요일	운영시간	대상	수강료(3개월)	강의실
회화	일어	초급	목	15:00~17:00	성인/학생	45,000원	3층 강의실 1
		중급	목	10:00~12:00	성인	45,000원	
		고급	목	12:50~14:50	성인/학생	45,000원	
	영어	초급	화	11:00~12:30	성인	45,000원	2층 강의실 1
		중급	화	13:00~15:00	성인	60,000원	
	중국어	중급	수	10:30~12:00	성인/학생	45,000원	2층 강의실 2
취미	예쁜 글씨		목	10:00~11:30	성인	45,000원	
	노래 교실		월/금	14:00~16:00	성인	55,000원	2층 강의실 1
	생활 역학		수	10:00~12:00	성인	60,000원	3층 강의실 2
	수채화		수	10:00~12:00	성인/학생	50,000원	2층 강의실 1
	먹그림		목	13:00~15:00	성인/학생	40,000원	5층 서예실
	서예		금	13:30~15:30	성인/학생	40,000원	
음악	팬플룻	입문	목	12:30~13:30	성인	50,000원	4층 강의실
		중급	수	10:30~11:30	성인	55,000원	
		심화	금	12:30~13:30	성인/학생	60,000원	
	오카리나	초급	목	09:30~10:20	성인/학생	45,000원	
	우쿨렐레		화	16:40~17:30	성인	55,000원	3층 강의실1
	기타		목	17:30~19:00	성인	60,000원	

①

강좌명	신청 대상	총 수강료(3개월)
초급 영어, 수채화	성인1, 학생1	95,000원

②

강좌명	신청 대상	총 수강료(3개월)
초급 영어, 우쿨렐레	성인1, 학생1	100,000원

③

강좌명	신청 대상	총 수강료(3개월)
중급 중국어, 중급 팬플룻	성인1, 학생1	100,000원

④

강좌명	신청 대상	총 수강료(3개월)
노래 교실, 먹그림	성인1, 학생1	95,000원

⑤

강좌명	신청 대상	총 수강료(3개월)
예쁜 글씨, 오카리나	성인1, 학생1	90,000원

13 다음 〈표〉는 창호, 영숙, 기오, 준희가 홍콩 여행을 하며 지출한 경비에 관한 자료이다. 지출한 총 경비를 네 명이 동일하게 분담하도록 정산할 때 〈그림〉의 A, B, C에 해당하는 금액을 바르게 나열한 것은?

〈표〉 여행경비 지출 내역

구분	지출자	내역	금액	단위
숙박	창호	호텔비	400,000	원
교통	영숙	왕복 비행기	1,200,000	
기타	기오	간식1	600	홍콩달러
		중식1	700	
		관광지1 입장권	600	
		석식	600	
		관광지2 입장권	1,000	
		간식2	320	
		중식2	180	

※ 환율은 1홍콩달러당 140원으로 일정하다고 가정함

〈그림〉 여행경비 정산 관계도

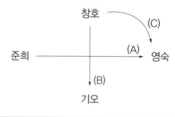

	A	B	C
①	540,000원	20,000원	120,000원
②	540,000원	20,000원	160,000원
③	540,000원	40,000원	100,000원
④	300,000원	20,000원	120,000원
⑤	300,000원	40,000원	100,000원

14 사원 K는 강릉에서 열리는 세미나에 참석하기 위해 이동 경로를 알아보고 있다. 다음 이동 경로에 대한 자료를 참고했을 때, 최단 시간으로 이동할 때와 최저 비용으로 이동할 때의 교통비 차이는 얼마인가?

〈이동 경로 및 지점 간 거리〉

출발 성수동 자택 — 5km — 청량리역 — 245km — 강릉역 — 2.5km — 도착 강릉 A 호텔

출발 성수동 자택 — 4.5km — 동서울터미널 — 210km — 강릉터미널 — 1.7km — 도착 강릉 A 호텔

〈교통수단별 소요 시간 및 비용〉

구분	출발지 → 목적지	교통수단	소요 시간	소요 비용
기차	자택 → 청량리역	버스	25분	200원/km
		지하철	15분	250원/km
	청량리역 → 강릉역	새마을호	196분	130원/km
		KTX	122.5분	250원/km
	강릉역 → A 호텔	버스	12.5분	300원/km
		택시	5분	700원/km
버스	자택 → 동서울터미널	버스	22.5분	200원/km
		지하철	13.5분	250원/km
	동서울터미널 → 강릉터미널	일반고속버스	189분	100원/km
		우등고속버스	147분	150원/km
	강릉터미널 → A 호텔	버스	8.5분	300원/km
		택시	3.4분	700원/km

※ 위의 이동시간 외에 다른 시간은 없는 것으로 간주함

① 11,190원
② 29,650원
③ 30,435원
④ 30,650원
⑤ 41,840원

15 다음은 H공사 체험형 인턴 합격자 정보이다. 기술혁신본부 직원 갑과 해외사업본부 직원 을의 대화를 참고할 때, 기술혁신본부와 해외사업본부에 배정될 인턴이 적절하게 짝지어진 것은?

〈체험형 인턴 명단〉

구분	전공	자격증	비고
A	경제학	TOEIC, MOS	운전면허 보유
B	재료공학	컴퓨터활용능력	전기기사 획득
C	영어영문학	TOEIC, HSK	
D	전기공학	JLPT, 정보처리기사	운전면허 보유
E	화학공학	컴퓨터활용능력	
F	컴퓨터공학	컴퓨터활용능력, 정보처리기사	운전면허 보유
G	행정학	TOEIC	독일어, 러시아어 가능
H	경영학	TOEIC, 정보처리기사	

※ 어학 자격증 : TOEIC(영어), HSK(중국어), JLPT(일본어)
※ 컴퓨터 자격증 : 컴퓨터활용능력, MOS, 정보처리기사

갑 : 이번 인턴 명단 보셨어요?

을 : 네, 오늘 받아서 봤는데, 저희 쪽에 배정 요청하고 싶은 인력이 있더군요.

갑 : 잘됐네요. 저도 생각해 둔 사람이 있어요.

을 : 서로 겹치진 않겠죠? 저흰 전공은 크게 상관없지만, 외국어 능력이 중요해서, 2개 이상 외국어 가능자가 적합해요.

갑 : 저희는 공과대학 출신자여야 해요. 컴퓨터 관련 자격증도 있으면 좋은데, 그것보다 장비 점검 등 이동할 일이 종종 있어서 운전면허 보유자가 더 적합하고요.

을 : 듣자 하니 본부당 2명씩 배치된다던데, 적합자로만 배정받을 수 있을 것 같네요.

	기술혁신본부	해외사업본부
①	B, D	A, C
②	B, F	C, H
③	D, E	A, G
④	D, F	C, G
⑤	E, F	G, H

16 다음은 비행기로 A와 B국 간 이동 시 출발시각과 도착시각이다. 시간은 모두 현지 기준이며, 비행시간은 두 구간이 같을 때, A와 B국 간 비행시간과 시차가 바르게 연결된 것은?(단, A국이 B국보다 1시간 빠르다는 것은 A국이 오전 9시일 때 B국은 오전 10시임을 뜻한다.)

출발지	도착지	출발시각	도착시각
A국	B국	22:00	익일 06:00
B국	A국	07:00	21:00

	비행시간	시차
①	10시간	A국이 B국보다 3시간 빠르다.
②	11시간	A국이 B국보다 3시간 느리다.
③	12시간	A국이 B국보다 3시간 빠르다.
④	10시간	A국이 B국보다 3시간 느리다.
⑤	11시간	A국이 B국보다 3시간 빠르다.

17 A씨는 24평의 아파트에 입주하기 전 전체 도배와 거실 내부 바닥재를 새로 할 예정이다. 벽지는 실크 기준 1평에 6,500원인 것으로 선택했으며, 거실은 가로 4.5m, 세로 5.5m로 평당 30,000원인 P사 제품으로 바닥재를 시공할 계획이라면, 지불해야 하는 비용은 총 얼마인가?(단, 바닥재 평수 계산 시 소수점 첫째 자리에서 반올림한다.)

〈시공 견적 산출법〉

■벽지

벽지평수	분양평수×2.5=도배평수
도배 인건비	(실크 15평 기준) 인당 12만 원
부자재	(벽지가격＋도배인건비)의 10%

■바닥재

평수	가로×세로÷3.24=바닥평수(아파트 또는 단독주택 모두 동일)
시공평수	바닥평수×1.1(로스분)

① 122만 1천 원   ② 123만 원
③ 123만 6천 원   ④ 124만 2천 원
⑤ 124만 6천 원

18 A~E팀의 사무기기 구매 요청 내역과 품목별 가격을 볼 때, 구매 요청서에 잘못 기입된 부분은?

■ A~E팀 사무기기 구매 요청 내역

구분	컴퓨터 본체	모니터	노트북	전화기	프린터
A팀	3	3	2	4	1
B팀	3	4	3	2	1
C팀	1	1	2	1	2
D팀	2	3	1	2	0
E팀	4	3	0	2	1

■ 품목별 가격

품목	금액
컴퓨터 본체	300,000원
모니터	150,000원
노트북	450,000원
전화기	30,000원
프린터	150,000원

구매 요청서

	담당	부장	전무	사장

순번	품목	수량	금액
1	컴퓨터 본체	13	3,900,000원
2	모니터	14	2,100,000원
3	노트북	8	3,150,000원
4	전화기	11	330,000원
5	프린터	5	750,000원

2023. ○. ○.

① 컴퓨터 본체　　　　　② 모니터
③ 노트북　　　　　　　④ 전화기
⑤ 프린터

[19~20] 다음은 K공사 성과급 지급 기준과 갑~경의 업무평가 결과이다. 내용을 바탕으로 이어지는 물음에 답하시오.

■ 성과급 지급 기준

지급 등급	지급 기준	지급액
S등급	평가 결과 80점 이상	월급여의 150%에 해당하는 금액
A등급	평가 결과 80점 미만 75점 이상	월급여의 125%에 해당하는 금액
B등급	평가 결과 75점 미만 70점 이상	월급여의 100%에 해당하는 금액
C등급	평가 결과 70점 미만	지급하지 아니함

■ 개인별 업무평가 점수

구분		업무효율	전문성
갑	기획본부	84	80
을	관리본부	83	75
병	상생발전본부	91	85
정	영업본부	83	89
무	관리본부	80	82
기	상생발전본부	87	83
경	영업본부	86	80

※ 개인 업무평가 합산 점수를 100점 만점(업무효율 50점, 전문성 50점)으로 환산한 뒤 조직성과를 곱한 점수를 최종 결과로 함
※ 조직성과는 다음의 본부별 업적점수를 적용하며, A=100%, B=90%, C=80% 적용

기획본부	관리본부	상생발전본부	영업본부
B	A	C	B

19 평가대상 중 S등급에 해당하는 사람과 C등급에 해당하는 사람이 바르게 짝지어진 것은?

	S등급	C등급
①	을	없음
②	무	기
③	을, 정	병
④	정, 무	없음
⑤	없음	기

20 갑~경의 월급여가 다음과 같을 때, A등급과 B등급을 받은 사람들의 성과급 총액은 얼마인가?

갑	을	병	정	무	기	경
250만 원	220만 원	270만 원	260만 원	240만 원	220만 원	250만 원

① 1,060만 원

② 1,190만 원

③ 1,250만 원

④ 1,370만 원

⑤ 1,420만 원

[21~22] 야간전담 근무 직원의 급여 수준과 근무 운영지침, 야간전담 근무 직원 4명의 다음 달 근무 일정이 다음과 같다. 주어진 자료를 바탕으로 이어지는 물음에 답하시오.

〈야간전담 근무 급여 수준 및 운영지침〉

구분	내용
급여 수준	통상임금의 150% 기준으로 한다.
근무일수	근무 횟수는 월 15일 이내로 한다.
근무시간	8시간 근무를 원칙으로 한다.
근무 후 휴식	야간근무를 2회 이상 연속한 경우 48시간 이상의 휴식을 부여한다.
연속 근무	연속 야간근무는 3일을 초과하지 않는다.
주말 휴일	주말(토, 일) 휴일을 월 2회 이상 갖는다.

〈다음 달 근무 일정〉

일	월	화	수	목	금	토
1 오/문	2 신	3 신/오	4 주/오	5 주/문	6 신	7 오/문
8 신/오	9 문	10 주/오	11 신/문	12 주/신	13 신/오	14 오/문
15 신/문	16 오/문	17 주/오	18 신/오	19 주/문	20 주/신	21 신/문
22 문	23 주/오	24 오/문	25 주/신	26 신	27 주/오	28 주/문
29 주/문	30 주					

※ 주 과장은 ㉮, 신 대리는 ㉯, 오 주임은 ㉰, 문 사원은 ㉱으로 표시함

21 다음 달 근무 일정 수정 사항으로 적절하지 않은 것은?(단, 1일에 3명 이상이 동시에 근무하지 않는다.)

① 오 주임과 문 사원의 근무일을 1일씩 추가한다.

② 9일 근무자로 오 주임을 추가한다.

③ 7일 문 사원의 근무를 6일로 변경한다.

④ 신 대리를 15일 근무자에서 제외하고, 대신 22일에 배정한다.

⑤ 주 과장을 27일 근무자에서 제외하고, 대신 6일에 배정한다.

22 직급별 일일 통상임금이 다음과 같을 때, 주 과장, 신 대리, 오 주임, 문 사원 4명에게 지급될 다음 달 급여 총액은?(단, 다음 달 스케줄은 조건에 맞게 변경되었으며, 근무 ˙일수는 변동이 없다.)

사원	주임	대리	과장
80,000원	96,000원	120,000원	150,000원

① 5,974,000원　　　　② 6,420,000원

③ 7,862,000원　　　　④ 8,961,000원

⑤ 9,630,000원

23 다음은 S공단의 신입 공채에 지원한 갑, 을, 병, 정, 무에 대한 평가 자료이다. S공단은 다음 자료를 바탕으로 합격 점수가 높은 순서대로 신입 사원을 우선 채용한다고 할 때, 갑, 을, 병, 정, 무 중 2위로 입사하는 사람은?

이름	입사 시험 성적			어학시험성적	국가보훈 대상자여부
	1차	2차	3차		
갑	73점	84점	15점	977점	○
을	70점	85점	25점	929점	×
병	64점	68점	25점	765점	×
정	87점	64점	15점	901점	×
무	56점	62점	20점	884점	○

※ 합격 점수＝입사 시험 점수＋(어학 시험 점수×30%)

※ 입사 시험 점수는 100점 만점이다. 단, 3차는 면접으로 진행되며 점수는 30점 만점이다. 면접에서 25점 이상을 얻으면 입사 시험 성적 총합의 5%를 가점한다.

※ 어학 시험 점수는 990점 만점이다. 입사 시험 점수 총합이 만점의 70% 이하면서 어학 시험 점수가 900점 이하면 채용에서 제외한다(단, 국가 보훈 대상자이면서 입사 시험 성적 총합이 만점의 60% 이상인 경우에는 채용 제외 대상자에 해당되지 않는다).

① 갑   ② 을

③ 병   ④ 정

⑤ 무

24 A회사에서 근무하는 직원들은 매년 1월마다 돌아오는 연말정산이 다가와 의료비를 공제받으려고 한다. 사원 A, B, C, D, E의 〈사원 의료비 내역 자료〉를 보고 판단했을 때, 세액공제받는 금액이 두 번째로 많은 사원은 누구인가?(단, A~E의 의료비는 모두 공제대상이다.)

〈의료비 세액공제〉

- 근로소득자가 지출한 의료비에 대한 공제로 의료비 지출액이 총 급여액의 3% 초과할 경우 초과한 부분에 대해 15% 세액공제해주는 제도이며, 연 700만 원 한도 내에서 세액공제를 받을 수 있다.
- 장애인, 65세 이상자를 위한 의료비, 난임시술비는 연간 한도금액을 적용받지 않는다.
- 난임시술비는 다른 의료비보다 높은 세액 공제율인 20%를 적용한다.

〈의료비 세액공제 대상액 계산법〉

① 일반적인 세액공제(700만 원 한도) : 의료비 총액－총 금여액×3%=공제대상 의료비
② 공제대상 의료비가 700만 원을 초과하는 경우
    ㉠ 한도 초과금액=의료비 총액－총 급여액×3%－700만 원
    ㉡ 본인, 장애인, 65세 이상자를 위한 의료비, 난임시술비 합계액
    ㉠, ㉡ 중 적은 금액+700만 원=공제대상 의료비

〈표〉 사원 의료비 내역 자료

구분	의료비 총액(원)	총 급여액(원)	비고
A	2,300,000	24,000,000	－
B	5,000,000	36,000,000	난임시술비 500만 원 지출
C	7,580,000	28,000,000	－
D	12,000,000	50,000,000	67세 부모님 수술비 1,200만 원 지출
E	800,000	22,500,000	－

① 사원 A
② 사원 B
③ 사원 C
④ 사원 D
⑤ 사원 E

25 다음은 A사의 국외 출장경비 사용 지침이다. A사 해외사업부 5명이 독일로 3박 4일 출장을 갈 경우 출장경비는 총 얼마인가?

<국외 출장경비 사용 지침>

- 국외 경비 총액은 특별한 사정이 없는 한 최소화하는 것을 원칙으로 하되, 대표이사의 승인을 받은 경우에는 예외로 할 수 있다.
- 항공료, 교통비, 숙박비 지급 규정은 1인을 기준으로 한다.
- 항공료 지급 규정(왕복)

미국	영국	독일	중국	일본
2,100,000원	2,750,000원	2,350,000원	800,000원	900,000원

- 교통비 지급 규정(1일)

미국	영국	독일	중국	일본
100,000원	110,000원	110,000원	70,000원	90,000원

- 숙박비 지급 규정(1박)

미국	영국	독일	중국	일본
300,000원	250,000원	270,000원	200,000원	300,000원

① 1,700만 원
② 1,800만 원
③ 1,900만 원
④ 2,000만 원
⑤ 2,100만 원

[26~27] ○○기업에 근무하는 K씨는 물품주문서 작성을 위해 주문서를 넣을 협력업체를 선정하려고 한다. 다음 물음에 답하시오.

〈주요물품 가격표〉

A업체			B업체			C업체		
유포지	500개	280,000	유포지	700개	495,000	유포지	500개	415,000
	1,000개	560,000		1,000개	520,000		1,000개	590,000
현수막	100개	150,000	현수막	100개	120,000	현수막	100개	110,000
	500개	400,000		500개	450,000		500개	470,000
X배너	100개	8,900	X배너	200개	8,900	X배너	100개	10,300
	500개	14,500		500개	7,900		500개	9,900

〈디자인비〉

A업체	색상, 위치 조정	회당 3,000원
	이미지 합성	무료
	문구 수정	5,000원
B업체	색상, 위치 조정	3회 이상 수정 시 회당 5,000원 추가
	이미지 합성	개당 5,000원
	문구 수정	3,000원
C업체	색상, 위치 조정	회당 3,000원
	이미지 합성	개당 5,000원
	문구 수정	무료

※ 문구 수정의 경우 1회만 가능하다.

26 다음의 홍보물들을 가장 저렴한 가격으로 제작하고자 할 때, 품목별로 가장 저렴한 제작 업체는?(단, 제작기간 및 시간은 모든 업체가 동일하다.)

- 현수막 : 100개
- 유포지 : 1,000개
- X배너 : 500개

	현수막	유포지	X배너
①	A업체	B업체	C업체
②	B업체	A업체	C업체
③	B업체	C업체	B업체
④	C업체	B업체	B업체
⑤	C업체	B업체	A업체

27 26번 문제에서 선택한 업체를 토대로 유포지의 색상 및 위치를 5회 조정하고, 취지에 맞는 적절한 문구로 수정하고자 할 때 추가되는 총 금액은 얼마인가?

① 5,000원   ② 8,000원

③ 13,000원   ④ 18,000원

⑤ 20,000원

28 H공사 홍보팀 L대리는 대학생 서포터즈 발대식 진행에 관한 업무를 담당하게 되었다. 다음 내용을 고려할 때, 발대식 진행을 위해 대여할 장소로 가장 적절한 곳은?

■ 발대식 정보
- 선발인원 : 서포터즈 117명, 아나운서 6명
- 날짜 및 시간 : 2023년 7월 17~18일 오전 9시부터 오후 6시
  ※ 선발인원 외에 운영인원 10명이 참여하며, 전체 인원의 10% 이상 수용할 수 있는 공간이어야 한다.
  ※ 마이크와 빔 프로젝터를 모두 사용할 수 있는 곳이어야 한다.
  ※ 행사 준비를 위해 행사 전날 오후부터 장소를 대여해야 한다.

■ 장소 정보

구분	한빛관	비전홀	무궁화홀	대회의실	세미나실
수용인원	200명	180명	160명	150명	135명
마이크	○	○	○	○	○
빔 프로젝터	○	○	×	○	×

■ 예약 현황

구분		한빛관	비전홀	무궁화홀	대회의실	세미나실
16일	오전	○	○	○	×	○
	오후	○	○	○	○	×
17일	오전	○	○	○	○	○
	오후	×	○	○	○	○
18일	오전	○	○	○	○	○
	오후	○	×	○	○	○

※ 사용가능 : ○/ 사용 불가 : ×

① 한빛관   ② 비전홀

③ 무궁화홀   ④ 대회의실

⑤ 세미나실

[29~30] 산업용 로봇을 개발하는 ○○회사에 재직 중인 K씨는 로봇 산업 협회에서 진행하는 교육 프로그램을 수강하기 위해 일정표를 살펴보고 있다. 이를 보고 물음에 답하시오.

프로그램명	교육 일정	비고
데이터 처리를 위한 클라우드 서비스	05.12~05.28(총 6회) 매주 화, 목요일 18:00~19:30	• 교육비 : 40만 원 • 본인부담 : 15만 원
IoT 구현을 위한 회로설계 기술	05.04~05.08(총 4회) 주중(공휴일 제외) 18:00~20:30	• 교육비 : 20만 원 • 본인부담 : 5만 원
R 활용 센서 데이터 분석	05.02~05.23(총 4회) 토요일 13:00~17:00	• 교육비 : 50만 원 • 본인부담 : 20만 원
R 활용 머신 러닝	05.25(총 1회) 월요일 14:00~15:30	교육비 : 무료

29 다음은 K씨의 5월 일정표이다. K씨는 일정표에 적힌 모든 일정에 참여하며 종료 시간이 표시되지 않은 일정은 1시간 내에 종료된다고 할 때, K씨가 5월 한 달 동안 수강할 수 있는 프로그램을 모두 고르면?

일	월	화	수	목	금	토
					1 - 월례회의 (08:00~ 09:30)	2 - 이 대리 결혼(13:20)
3	4 - 팀 점심 (12:00)	5 - 스크린 골프(18:00)	6	7 - 연구개발팀 프레젠테이션 (10:00)	8	9 - 영어학원 등록(19:00)
10	11	12	13	14	15 - 영어학원 수업(19:00~ 21:00)	16

17	18 – 점심(윤 과장) (12:00)	19 – 거래처 자료 송부 (09:00)	20	21	22 – 영어학원 수업 (19:00~ 21:00)	23
24	25 – 부산 출장 (김포공항 07:00~ 김해공항 19:00)	26	27	28	29 – 영어학원 수업 (19:00~ 21:00)	30

① IoT 구현을 위한 회로설계 기술
② IoT 구현을 위한 회로설계 기술, R 활용 머신 러닝
③ 데이터 처리를 위한 클라우드 서비스, IoT 구현을 위한 회로설계 기술
④ 데이터 처리를 위한 클라우드 서비스, R 활용 센서 데이터 분석
⑤ R 활용 머신 러닝

30 다음은 ○○회사 개발팀 사원과 K씨가 나눈 대화이다. K씨가 개발팀 사원에게 추천해 줄 수 있는 프로그램은?

> 개발팀 사원 : K씨, 이번에 협회에서 나온 교육 프로그램 일정표를 받아봤는데요, 뭘 들어야 할지 잘 모르겠네요. 제가 수강할 만한 교육 프로그램 좀 추천해 주세요.
> K씨 : 네, 어떤 프로그램이든 괜찮으세요?
> 개발팀 사원 : 10만 원 내로 수강할 수 있는 프로그램이면 좋겠어요.
> K씨 : 네, 알겠습니다. 5월에 별다른 일정은 없으세요?
> 개발팀 사원 : 매주 수요일에 병원 예약이 있어서 수요일만 제외하면 전부 괜찮아요.

① 데이터 처리를 위한 클라우드 서비스
② IoT 구현을 위한 회로설계 기술
③ R 활용 센서 데이터 분석
④ R 활용 머신 러닝
⑤ 없음

MEMO

MEMO

최종 점검 모의고사 1회

문항	①	②	③	④	⑤
1	①	②	③	④	⑤
2	①	②	③	④	⑤
3	①	②	③	④	⑤
4	①	②	③	④	⑤
5	①	②	③	④	⑤
6	①	②	③	④	⑤
7	①	②	③	④	⑤
8	①	②	③	④	⑤
9	①	②	③	④	⑤
10	①	②	③	④	⑤

문항	①	②	③	④	⑤
11	①	②	③	④	⑤
12	①	②	③	④	⑤
13	①	②	③	④	⑤
14	①	②	③	④	⑤
15	①	②	③	④	⑤
16	①	②	③	④	⑤
17	①	②	③	④	⑤
18	①	②	③	④	⑤
19	①	②	③	④	⑤
20	①	②	③	④	⑤

문항	①	②	③	④	⑤
21	①	②	③	④	⑤
22	①	②	③	④	⑤
23	①	②	③	④	⑤
24	①	②	③	④	⑤
25	①	②	③	④	⑤
26	①	②	③	④	⑤
27	①	②	③	④	⑤
28	①	②	③	④	⑤
29	①	②	③	④	⑤
30	①	②	③	④	⑤

성 명

수 험 번 호

| ① ② ③ ④ ⑤ ⑥ ⑦ ⑧ ⑨ ⓪ |
| ① ② ③ ④ ⑤ ⑥ ⑦ ⑧ ⑨ ⓪ |
| ① ② ③ ④ ⑤ ⑥ ⑦ ⑧ ⑨ ⓪ |
| ① ② ③ ④ ⑤ ⑥ ⑦ ⑧ ⑨ ⓪ |
| ① ② ③ ④ ⑤ ⑥ ⑦ ⑧ ⑨ ⓪ |
| ① ② ③ ④ ⑤ ⑥ ⑦ ⑧ ⑨ ⓪ |
| ① ② ③ ④ ⑤ ⑥ ⑦ ⑧ ⑨ ⓪ |
| ① ② ③ ④ ⑤ ⑥ ⑦ ⑧ ⑨ ⓪ |

감독위원 확인

(인)   (인)

최종 점검 모의고사 2회

성 명	
성명	

수 험 번 호	

수험번호: ① ② ③ ④ ⑤ ⑥ ⑦ ⑧ ⑨ ⑩

감독위원 확인	
(인)	(인)

번호	①	②	③	④	⑤
1	①	②	③	④	⑤
2	①	②	③	④	⑤
3	①	②	③	④	⑤
4	①	②	③	④	⑤
5	①	②	③	④	⑤
6	①	②	③	④	⑤
7	①	②	③	④	⑤
8	①	②	③	④	⑤
9	①	②	③	④	⑤
10	①	②	③	④	⑤
11	①	②	③	④	⑤
12	①	②	③	④	⑤
13	①	②	③	④	⑤
14	①	②	③	④	⑤
15	①	②	③	④	⑤
16	①	②	③	④	⑤
17	①	②	③	④	⑤
18	①	②	③	④	⑤
19	①	②	③	④	⑤
20	①	②	③	④	⑤
21	①	②	③	④	⑤
22	①	②	③	④	⑤
23	①	②	③	④	⑤
24	①	②	③	④	⑤
25	①	②	③	④	⑤
26	①	②	③	④	⑤
27	①	②	③	④	⑤
28	①	②	③	④	⑤
29	①	②	③	④	⑤
30	①	②	③	④	⑤

※ 본 답안지는 마킹 연습용입니다.

최종 점검 모의고사 3회

성 명

수 험 번 호

① ② ③ ④ ⑤ ⑥ ⑦ ⑧ ⑨ ⓪	① ② ③ ④ ⑤ ⑥ ⑦ ⑧ ⑨ ⓪	① ② ③ ④ ⑤ ⑥ ⑦ ⑧ ⑨ ⓪	① ② ③ ④ ⑤ ⑥ ⑦ ⑧ ⑨ ⓪	① ② ③ ④ ⑤ ⑥ ⑦ ⑧ ⑨ ⓪	① ② ③ ④ ⑤ ⑥ ⑦ ⑧ ⑨ ⓪	① ② ③ ④ ⑤ ⑥ ⑦ ⑧ ⑨ ⓪	① ② ③ ④ ⑤ ⑥ ⑦ ⑧ ⑨ ⓪

감독위원 확인

(인) (인)

문번	답란	문번	답란	문번	답란
1	① ② ③ ④ ⑤	11	① ② ③ ④ ⑤	21	① ② ③ ④ ⑤
2	① ② ③ ④ ⑤	12	① ② ③ ④ ⑤	22	① ② ③ ④ ⑤
3	① ② ③ ④ ⑤	13	① ② ③ ④ ⑤	23	① ② ③ ④ ⑤
4	① ② ③ ④ ⑤	14	① ② ③ ④ ⑤	24	① ② ③ ④ ⑤
5	① ② ③ ④ ⑤	15	① ② ③ ④ ⑤	25	① ② ③ ④ ⑤
6	① ② ③ ④ ⑤	16	① ② ③ ④ ⑤	26	① ② ③ ④ ⑤
7	① ② ③ ④ ⑤	17	① ② ③ ④ ⑤	27	① ② ③ ④ ⑤
8	① ② ③ ④ ⑤	18	① ② ③ ④ ⑤	28	① ② ③ ④ ⑤
9	① ② ③ ④ ⑤	19	① ② ③ ④ ⑤	29	① ② ③ ④ ⑤
10	① ② ③ ④ ⑤	20	① ② ③ ④ ⑤	30	① ② ③ ④ ⑤

※ 본 답안지는 마킹 연습용입니다.

NCS 자원관리능력의 *기초부터* *실전*까지 완벽 대비

고졸 채용 NCS

공기업·공사·공단
채용 완벽 대비

자원관리능력

기초입문서 정답 및 해설

NCS 공기업연구소 편저

예문에듀
EDU

NCS 자원관리능력의 기초부터 실전까지 완벽 대비

고졸채용 NCS
자원관리능력
기초입문서

정답 및 해설

NCS 공기업연구소 편저

예문에듀
EDU

CHAPTER 01 | 시간의 관리

01	02	03	04	05	06	07	08	09	10
②	②	③	④	②	③	③	⑤	③	③
11	12	13	14	15	16	17	18	19	20
④	③	⑤	②	⑤	①	④	①	③	④

01
정답 ②

서울지사 근무 시간 기준 타 도시의 시각을 비교하면 다음과 같다.

서울	9	10	11	12	13	14	15	16	17
두바이	4	5	6	7	8	9	10	11	12
런던*	1	2	3	4	5	6	7	8	9
시카고*	19	20	21	22	23	0	1	2	3

따라서 근무 시간 중 회의에 참여할 수 있는 곳은 두바이와 런던이다.

02
정답 ②

비행 시간이 13시간이므로 서울 기준 10월 5일 오후 9시에 도착한다. 서울과 시카고의 시차는 본래 15시간이나 서머타임 적용으로 14시간이다. 따라서 시카고 기준 10월 5일 오전 7시에 도착한다.

03
정답 ③

시차 정보와 비행 소요 시간을 참고하여 각각의 항공편이 인천공항에 도착했을 때의 서울 시각을 구하면 다음과 같다.

항공편	출발 시각 (현지 기준)	비행 소요 시간	도착 시각 (현지 기준)	도착 시각 (서울 기준)
모스크바 → 서울	9월 15일 22:45	9시간 30분	9월 16일 08:15	9월 16일 14:15
자카르타 → 서울	9월 15일 23:35	12시간 20분	9월 16일 11:55	9월 16일 13:55
시드니 → 서울	9월 16일 04:05	10시간 15분	9월 16일 14:20	9월 16일 13:20

따라서 셔틀버스는 13:00~14:30에 운영하는 것이 가장 효과적이다.

04
정답 ④

갑, 을, 병, 정의 스케줄을 그림으로 정리하면 다음과 같다.

9	10	11	12	13	14	15	16	17	18(시)
(갑)팀 회의	(정)서버 점검		점심 시간	(을)외부 미팅				(정)통신장비 교체	
(병)서울 지사 방문							(갑)과장급 회의		

병은 오후 시간에 시장 조사, 재고 점검 등의 일정이 있으나 조절 가능하다고 언급하였다. 따라서 가장 적절한 회의 시간은 오후 3시부터 4시까지이다.

05
정답 ②

박람회는 품목에 따라 1기, 2기, 3기로 나누어 각각 5일간 진행된다. K씨는 가구 회사에 재직 중이므로 제2기 때 방문할 것이며, 제2기 시작 전날인 22일 도착하는 것이 가장 적절하다.

06
정답 ③

Line 1 Tianhe Sport Chenter에서 1정거장 이동 후 Tiyu Xilu에서 Line 3로 환승한다. 그리고 3정거장 이동 후 Kecun역에서 다시 Line 4로 환승하여 4정거장을 가면 캔톤 페어가 열리는 Pazhou에 도착한다. 따라서 5분+3분+5분+6분+5분+8분=32분이 걸린다. 박람회 개장시간은 오전 9시 30분이므로 8시 58분에는 호텔에서 출발해야 한다.

07
정답 ③

우선 런던 내에서의 소요 시간을 통해 히드로 공항에 도착해야 하는 시간을 구하면 현지 시각으로 6월 10일 오전 7시 35분이며 계산상의 편의를 위해 이때의 서울 시각을 구하면 6월 10일 오후 4시 35분이다. 출발 시각과 총 비행 시간에 따르면 B0942편과 C1073편, D4804편만이 늦지 않게 도착할 수 있는 항공편이며 이 중 가장 저렴한 것은 C1073편이다.

> **Tip**
>
> 도착 시간은 D4804편이 가장 빠르지만, 본 문제에서는 '가장 빨리 도착하는 항공편'이 아니라 가장 저렴한 항공편이 무엇인지를 묻고 있다는 점에 주의한다.

08

정답 ⑤

4조 2교대이므로 매일 주간 근무조와 야간 근무조가 1조씩, 휴무조가 2조씩 존재한다.

A조는 1일에 주간 근무 후 5일에 휴무였으므로 2일까지 주간 근무, 3일과 4일 야간 근무임을 추론할 수 있다. 같은 방식으로 추론하여 표로 정리하면 다음과 같다.

	1	2	3	4	5	6	7	8	9	10	11	12	13	14
A조	주	주	야	야	휴	휴	휴	휴	주	주	야	야	휴	휴
B조	휴	휴	휴	휴	주	주	야	야	휴	휴	휴	휴	주	주
C조	야	야	휴	휴	휴	휴	주	주	야	야	휴	휴	휴	휴
D조	휴	휴	주	주	야	야	휴	휴	휴	휴	주	주	야	야

따라서 ⓜ은 야간 근무이다.

09

정답 ③

8번 문제에서 도출한 근무기록표를 바탕으로 할 때, 일자별 휴무조는 다음과 같다.

ⓐ	ⓑ	ⓒ
B조, C조	A조, D조	B조, D조

오답 분석

① 3일 A조는 야간 근무, 7일 C조는 주간 근무이므로 대체할 수 없다.
② 9일 A조는 주간 근무이므로 대체할 수 없다.
④ 3일 A조는 야간 근무이므로 대체할 수 없다.
⑤ 7일 C조는 주간 근무이므로 대체할 수 없다.

10

정답 ③

주어진 경도 정보를 토대로 GMT(그리니치 표준시) 기준 시차를 구할 수 있다.

뉴욕	LA	서울	시드니
−5	−8	+9	+10

㉠ 뉴욕이 오후 7시이고, 서울은 뉴욕보다 14시간 빠르므로 오전 9시이다.
㉡ LA는 뉴욕보다 3시간 느리므로 오후 4시이다.
㉢ 시드니는 서머타임 중이므로, 주은이 말한 시각보다 1시간 빠른 오전 11시이다. 따라서 LA와는 19시간의 시차가 발생한다.

> **Tip**
>
> 시드니는 현재 서머타임이 적용된다는 점에 주의한다. 이때 시드니 표준시는 GMT +11과 같다.

11

정답 ④

〈교대 근무 규칙〉을 바탕으로 근무기록표의 빈칸을 모두 채우면 다음과 같다.

	1	2	3	4	5	6	7	8	9	10	11	12	13	14
A조	휴	오	오	오	오	오	휴	야	야	야	야	야	휴	휴
B조	아	아	아	아	휴	휴	오	오	오	오	오	휴	야	야
C조	야	야	휴	휴	아	아	아	아	아	휴	휴	오	오	오
D조	오	휴	야	야	야	야	야	휴	휴	아	아	아	아	아

따라서 ㉠은 휴무, ㉡은 오후 근무, ㉢은 야간 근무이다.

12

정답 ③

8일 휴무조는 D조이다. B조는 오후 근무이므로 C조의 근무를 대체할 수 없다.

13

정답 ⑤

주어진 시간 기준 A국에서 B국까지는 8시간, B국에서 A국까지는 14시간이 걸렸다. 그런데 두 구간의 비행 시간이 같다고 하였으므로 비행 시간은 (8+14)÷2=11시간이다. 그리고 B국 출발 A국 도착이 실제 비행 시간보다 3시간 더 걸렸으므로 A국이 B국보다 3시간 더 빠르다.

14

정답 ②

정 사원은 1시부터 3시까지 시장 조사 자료를 정리할 계획이나 이는 위급한 업무도, 타인과 협력하는 업무도 아니다. 따라서 회의 후 진행해도 무리가 없다.

오답 분석

① 김 사원의 스케줄을 미루더라도 윤 과장이 회의에 참석할 수 없으므로 불가능하다.
③ 최 주임의 미팅은 외부와의 약속이므로 임의로 시간을 조정할 수 없다.
④ 반드시 모든 인원이 회의에 참석해야 하므로 적절하지 않다.
⑤ 이 대리가 임의로 스케줄을 조정하면 안 되고 일의 우선순위를 판단하여 스케줄을 조정해야 한다.

15

정답 ⑤

30일과 31일은 타 일정과 겹치지 않고, 실무자 5명 중 C대리, E사원, F사원은 출근하므로 휴가를 쓸 수 있다.

오답 분석

① 2일은 실무자 간담회가 예정되어 있다. 대리 이하 실무자들은 간담회에 참석해야 하므로 휴가일로 적절하지 않다.
②, ③ 매주 금요일에는 주간회의를 실시하며, 이때 팀 전원이 참석해야 하므로 휴가를 쓰기에 적절하지 않다.
④ 21~22일은 C대리가 휴가를 가며, 대리와 주임 중 한 사람은 반드시 나와야 하므로 휴가를 쓸 수 없다.

16
정답 ①

요일별로 근무자를 정리하면 다음과 같다.

구분	일	월	화	수	목	금	토
A부서	박근수	김승현 이상기	김승현 최원영	김승현 이상기	최원영 박근수	이상기 박근수	최원영
B부서	이현아	최기원	최기원 정우수	이현아 정우수	최기원	정우수	이현아
C부서	정은아 한서우	박현태	정은아	정은아	한서우	박현태 한서우	박현태

11월 5일은 목요일, 11월 8일은 일요일, 11월 18일은 수요일, 11월 24일은 화요일, 11월 30일은 월요일이다. 따라서 11월 5일 목요일에는 최원영(또는 박근수), 최기원, 한서우가 근무조로 일하는 것이 올바르다.

17
정답 ④

직원들의 남은 휴가일수를 정리하면 다음과 같다.

구분	휴가 일수	휴가	남은 휴가 일수
박 부장	18	연차(7일)=1일	18-1 =17일
김 과장	17	반차(5일)+반차(14일)=1일	17-1 =16일
정 대리	15	연차(18일)=1일	15-1 =14일
최 주임	13	연차(20일)+반차(25일) +반차(29일)=2일	13-2 =11일
한 사원	12	반차(22일)+연차(26일)=1.5일	12-1.5 =10.5일

따라서 직원들의 남은 휴가일수는 박 부장 17일, 김 과장 16일, 정 대리 14일, 최 주임 11일, 한 사원 10.5일이다.

18
정답 ①

A대리와 B사원의 출장지는 프랑스 파리이기 때문에 인천공항에서 도착지가 프랑스 파리인 항공편을 탑승해야 한다. 인천공항에서 프랑스 파리로 가는 항공편은 RE658과 SL765 2개이다. RE658 항공편을 타면 비행 시간이 12시간 10분 걸리므로 한국 시간으로 1월 23일 17시 10분, 파리 시간으로 1월 23일 09시 10분에 도착하게 되고, SL765 항공편을 타면 비행 시간이 12시간 05분 걸리므로 한국 시간으로 1월 24일 03시 35분, 파리 시간으로 1월 23일 19시 35분에 도착한다. A대리와 B사원은 파리에 1월 23일 오전 09시 20분에 도착해야 하므로 1월 23일 오전 09시 10분에 도착하는 RE658 항공편을 타야 한다. 이때 인천공항에는 출발 시각인 1월 23일 05시 00분보다 한 시간 일찍 도착해야 하므로 1월 23일 04시 00분에 도착해야 한다.

19
정답 ③

부원들의 스케줄을 표로 정리하면 다음과 같다.

• 목요일

• 금요일

※ ☐ : 가능. ■ : 불가능

따라서 부원 전체가 스케줄이 없어 회의가 가능한 시간은 금요일 오전 11시이다.

20
정답 ④

우선 공통으로 비어 있는 시간이 14:00∼15:00이므로 가장 적절한 시간은 13:00∼15:00이나 14:00∼16:00이다. 그런데 B대리의 신규 거래처 미팅은 외부 업체와 연관된 일정이며 D주임의 마케팅 비용 PT는 관리부 전체를 대상으로 하는 보고 일정이므로 일정 변경이 어렵다. 반면 A팀장의 업무용 컴퓨터 백업 작업이나 E사원의 보유 비품 정리 등은 개인적인 일정으로 다른 시간으로 이동시키기 용이한 사항이다. 따라서 가장 적절한 회의 시간은 14:00∼16:00이다.

01	02	03	04	05	06	07	08	09	10
③	②	③	⑤	④	③	④	①	③	⑤
11	12	13	14	15					
③	④	③	③	⑤					

01
정답 ③

5만×17+20만×2+5천×90+150만+6천×80+50만 +30만+10만+10만+80만=5,480,000원이다.

> **Tip**
> 선지를 보면 마지막 자리 수가 다르다. 숙소와 중식, 조식 값을 더했을 때 마지막이 80,000원으로 떨어지 므로 전체 금액을 계산할 것 없이 빠르게 답을 찾을 수 있다.

02
정답 ②

지출결의서 내역상 총액은 4,720,000원이다. 이는 기존 예산 5,480,000원의 약 86%에 해당하고, 차액은 760,000 원이다.

03
정답 ③

3급의 기본 수당은 430만 원이므로 올해 기본급 총액은 5,160만 원이다. 여기에 명절 준비금 143만 원이 2회 지 급되므로 286만 원, 교통 보조비는 매월 21만 원이 지급 되므로 총 252만 원이다. 여기에 정근수당이 포함되므로 5,160만 원의 60%인 3,096만 원이 추가로 지급된다. 이 를 모두 합하면 8,794만 원이다.

04
정답 ⑤

우선 5급 기본액인 320만 원에 교통 보조비 16만 원, 명 절 준비금 106만 원이 9월의 기본 월급이다. 야간 근무 와 휴일 근무 시간을 모두 합하면 39시간인데, 야간·휴 일 근무 수당은 기본급 기준 시간당 수당의 150%이고 한 달은 4주, 주 40시간 근무가 기본이다. 따라서 W의 시간 당 수당은 320÷4÷40=2만 원이며 야간·휴일 근무 수 당은 시간당 3만 원이다. 여기에 야간·휴일 근무 시간인 39를 곱하면 117만 원이므로 W사원의 9월 월급 총액은 320+16+106+117=559만 원이다.

05
정답 ④

오답 분석

① C홀은 14:00에 홀 사용이 끝난 후 15:00부터 대여가 가능하므로 행사 진행에 필요한 시간을 확보할 수 있으 며 가격 역시 예산 내에 해결이 가능하다. 그러나 해당 시간 동안 A홀과 D홀이 사용 중이며, 이에 따라 추가 인력을 요청할 수 없으므로 조건에 맞지 않는다.

② A홀의 경우 앞선 행사가 13:00에 끝났으므로 1시간의 정리 시간이 필요하며, 따라서 실제 대여가 가능한 시 간은 14:00부터이다. 이 경우 행사 진행에 필요한 3시 간을 불충족한다.

③ C홀의 경우 15:30부터 대여가 가능하나 행사 진행 시 간인 3시간보다 대여 가능한 시간이 짧고, A홀과 D홀 의 사용으로 추가 인력을 요청할 수 없다.

⑤ 14:30부터 대여가 가능한데 16:00~17:00까지 A홀 과 C홀이 사용 중이므로 추가 인력 요청이 불가능하다.

> **Tip**
> 조건에 부합하지 않는 부분을 중심으로 체크하면서 오답을 소거하는 방식으로 답을 찾는다.

06
정답 ③

강사는 현재 ○○대학교 정교수로 재임 중이므로 일반 Ⅰ 에 해당한다. 특강은 4시간 동안 진행되므로 지급될 강사 수당은 150,000+100,000×3=450,000원이다.

07
정답 ④

- 강의 원고 지급액 : 표지와 목차 페이지를 제외하므로 23×12,000=276,000원
- 파워포인트용 원고 지급액 : 5장당 12,000원이므로 45 ÷5×12,000=108,000원

따라서 총 원고료는 384,000원이다.

08
정답 ①

1,600×1,200×715 규격 L형 책상의 단가는 135,000원 이며, 금액은 540,000원이다.

09
정답 ③

L형 책상 단가를 수정하여 금액을 합산하면 54+21+ 12.4+31.6+41=160만 원이다.

10

- 시간외근무수당 : 210만 원$\times\dfrac{1.5}{200}\times16=252{,}000$원

- 야간근무수당 : 210만 원$\times\dfrac{0.5}{200}\times8=42{,}000$원

- 휴일근무 시간 : 210만 원$\times\dfrac{1}{200}\times12=126{,}000$원

직원 Y가 받을 추가근무수당은 $252{,}000+42{,}000+126{,}000=420{,}000$원이다.

11 정답 ③

'인천－△△공원'까지의 총 주행 거리는 360km×2=720km이다. 일요일에 렌트할 계획이므로 주말 대여료를 기준으로 계산해야 한다.

구분	필요 연료(L)	유류비(원)	대여료(원)	합계(원)
A	$\dfrac{720}{12}=60$	$60\times1{,}650$ $=99{,}000$	50,000	149,000
B	$\dfrac{720}{16}=45$	$45\times1{,}650$ $=74{,}250$	149,000	164,250
C	$\dfrac{720}{9}=80$	80×800 $=64{,}000$	164,250	144,000
D	$\dfrac{720}{10}=72$	$72\times1{,}350$ $=97{,}200$	110,000	207,200
E	$\dfrac{720}{15}=48$	$48\times1{,}350$ $=64{,}800$	140,000	204,800

따라서 유류비의 총합이 가장 저렴한 차량은 C이다.

> **Tip**
>
> 합계액을 구하기 전 유류비와 대여료를 살펴보면, D와 E는 20만 원을 넘겨 제외되고, 남은 A, B, C 중 유일하게 16만 원을 넘는 B를 제외한다. 남은 A와 C를 정확히 계산하면 가장 저렴한 차량은 C이다. 합계까지 전부 구하는 것보다 답을 찾는 시간을 줄일 수 있다.

12 정답 ④

K회사의 정기회의는 12월 18일에 진행되고 65명이 참석한다. 65명이 수용 가능한 세미나실은 A, B, D이다. 하지만 예산이 700,000원이므로 A만 가능하다. 또한 A는 12월 예약 10% 할인이므로 K회사가 세미나실 대여료로 지불해야 할 금액은 $650{,}000\times0.9=585{,}000$원이다.

13 정답 ③

예정 인원 30명에 5명 정도 추가될 수 있으므로 35명을 기준으로 삼는다.

① 수용 인원이 12+22=34명으로 부적절하다.
② 12+28=40명 → $176{,}000+345{,}000=521{,}000$원
③ 16+22=38명 → $225{,}000+283{,}000=508{,}000$원
④ 16+28=44명 → $225{,}000+345{,}000=570{,}000$원
⑤ 45명 → 520,000원

따라서 16인승 1대와 22인승 1대를 대절하는 것이 가장 적절하다.

14 정답 ③

강의 평가 결과에 따른 시급 조정률을 표로 정리하면 다음과 같다.

구분	A	B	C	D	E
2022년 2학기	10% 인상	5% 삭감	10% 삭감	동결	5% 인상
2023년 1학기	5% 인상	동결	5% 인상	5% 삭감	10% 인상

이를 시급에 적용하여 2023년 1학기 시급을 구하면 다음과 같다.

- A : $110{,}000\times1.1\times1.05=127{,}050$원
- B : $130{,}000\times0.95=123{,}500$원
- C : $140{,}000\times0.9\times1.05=132{,}300$원
- D : $150{,}000\times0.95=142{,}500$원
- E : $120{,}000\times1.05\times1.1=138{,}600$원

따라서 D－E－C－A－B 순서대로 시급이 높다.

15 정답 ⑤

시급과 월간 수업시수에 따른 월급을 계산하면 다음과 같다.

- A : $127{,}050\times34=4{,}319{,}700$원
- B : $123{,}500\times33=4{,}075{,}500$원
- C : $132{,}300\times32\times1.1=4{,}656{,}960$원
- D : $142{,}500\times33=4{,}702{,}500$원
- E : $138{,}600\times35=4{,}851{,}000$원

따라서 월급이 가장 많은 강사는 E이다.

> **Tip**
>
> 14번 문제에서 2023년 1학기 시급을 이미 구하였으므로 시급이 더 낮으면서 수업시수가 같거나 적은 경우는 계산할 필요가 없다. A는 E보다 시급이 낮고 수업시수가 적으며, B는 D와 수업시수가 같지만 시급은 더 낮다. 따라서 A와 B는 답에서 우선 제외된다.

01	02	03	04	05	06	07	08	09	10
③	④	①	④	③	④	④	⑤	④	④
11	**12**	**13**	**14**	**15**					
①	①	③	③	④					

01 정답 ③

파프리카는 62로 시작하는 식자재이므로 C구역이 아닌 D구역에 보관해야 한다.

02 정답 ④

D구역의 식재료는 무염 버터, 생크림, 파프리카, 치킨 스톡이다. 적정 재고인 40개가 되도록 부족한 수량을 구매하려면 무염 버터는 5개, 파프리카 11개, 치킨 스톡을 26개 구입해야 하며 생크림은 구매하지 않아도 된다. 따라서 총 구매 비용은 13,000+9,900+31,200=54,100원이다.

03 정답 ①

원료와 생산품 운송비를 고려하여 공장 이전 부지를 결정한다.
ⓐ 5,000×1+3,000×5=20,000원
ⓑ 5,000×3+3,000×3=24,000원
ⓒ 5,000×4+3,000×2=26,000원
ⓓ 5,000×3+3,000×3=24,000원
ⓔ 5,000×6+3,000×2=36,000원
따라서 공장을 이전하기에 가장 적절한 곳은 ⓐ이다.

04 정답 ④

원칙적으로 사업비는 사용목적이 '사업 운영'일 때만 가능한데, 이에 해당하는 품목은 '교구'이다. 또한 '서비스 제공'을 목적으로 하면서 품목당 단가가 10만 원 이하로 예외 조건 1에 해당하는 품목은 '블라인드'이고, 사용연한이 1년 이내인 경우로 예외 조건 2에 해당하는 품목은 '미니 빔 대여'이다.

05 정답 ③

'입고량－출고량＝재고량'이다. 계산하면 ㉠은 138, ㉡은 187, ㉢은 97, ㉣은 83이고, 합은 505이다.

06 정답 ④

물품 사용 내역에 따라 금액을 계산해보면 다음과 같다.
• 차량 대여 : 5,500×4+180×185=55,300원
• 우산 대여 : 8,000원(분실 보상 금액)
• 외부 회의실 대여 : 4,000×3+5,000=17,000원
• 택배 서비스 : 3,000×2+5,000=11,000원
따라서 총 합계 금액은 91,300원이다.

07 정답 ④

64페이지로 총 150부, 종이는 100g 백색을 사용하고 제본은 무선 제본 방식으로 한다. 이에 따라 가격을 계산하면 종이는 총 9,600장을 사용하므로 종이 가격은 9,600×35=336,000원, 제본 비용은 150부 기준 45,000원이므로 제작 비용은 총 381,000원이다. 그런데 100부 이상 인쇄 시 3%가 할인되므로 최종 제작 비용은 369,570원이며, 배송비가 6만 원 추가되므로 최종 비용은 429,570원이 된다.

08 정답 ⑤

〈농산물 유통센터 부지 조건〉의 정보를 활용하여 〈후보지 정보〉의 각 항목들을 점수화한다. 이때 항목별로 1~5점의 점수를 부여한다.

구분	A	B	C	D	E
부지 넓이	3	5	2	1	4
연교차	3	2	5	1	4
인근 대도시 수	2	1	3	4	5
이동 가능 차량 대수	1	2	5	3	4
도로혼잡률	3	4	2	5	1
이용 가능 대중교통 수	5	3	1	2	3
총점	17	17	18	16	21

따라서 최종 부지로 선정될 가능성이 가장 높은 곳은 E이다.

09 정답 ④

적정재고보다 재고수량이 더 적은 품목은 A3용지, 볼펜(빨강), 더블클립(대), 포스트잇(소)이다.

10 정답 ④

적정재고를 수정하고 구매해야 할 물품을 정리하면 다음과 같다.

품목	재고수량	구매단가	적정재고	구매
A4용지*500	43	3,800	50	12
A3용지*500	28	8,200	20	×
B5용지*500	25	3,100	20	×
B4용지*500	33	7,900	20	×
볼펜(검정)	112	350	50	×
볼펜(빨강)	94	350	50	×
형광펜(노랑)	51	500	50	×
형광펜(분홍)	45	500	40	×
더블클립(중)	86	120	60	×
더블클립(대)	54	300	80	34
포스트잇(소)	48	800	50	7
포스트잇(중)	52	600	40	×
AA건전지*10	24	5,700	20	×

따라서 예상되는 구매 예산은 (12×3,800)+(34×300)+(7×800)=45,600+10,200+5,600=61,400원이다.

11   정답 ①

단계별로 계산하면 다음과 같다.

구분	8	8	0	0	2	0	1	3	7	9	6	2	C/D
1단계	13	12	11	10	9	8	7	6	5	4	3	2	1
2단계		8	+	0	+	0	+	3	+	9	+	2	= 22
3단계										22	×	3	= 66
4단계	8	+	0	+	2	+	1	+	7	+	6	=	24
5단계										66	+	24	= 90
6단계										90	+	0	= 90

따라서 이 바코드에 부여될 체크디지트는 0이다.

12   정답 ①

참가 인원은 총 321명, 차량은 75대이다. 또한 선호 종목은 농구, 풋살, 배드민턴, 탁구 순이다. 따라서 가장 적절한 장소는 대운동장1이다.

13   정답 ③

가중치에 따라 부지별 점수를 계산하면 다음과 같다.

구분	A	B	C	D	E
유동인구	24	18	22.5	16.5	19.5
접근성	16.5	22.5	24	18	21
부지넓이	14	16	10	18	15
편의시설	12	13	15	14	16
총점	66.5	69.5	71.5	66.5	71.5

C와 E의 총점이 같으나, C의 유동인구 점수가 E보다 더 높으므로 특판장 장소로 최종 결정되는 곳은 C이다.

14   정답 ③

박람회는 대전에서 11시에 시작하고 A씨는 박람회 당일 회사에서 9시에 출발해야 하므로 회사에서 박람회장까지 소요시간은 총 120분 이하가 되어야 한다. 박람회장까지 늦지 않게 도착할 수 있는 경로의 소요시간을 정리하면 다음과 같다.

경로	소요시간
버스-기차-택시	37+62+19=118분
지하철-기차-택시	32+62+19=113분
택시-기차-택시	20+62+19=101분

세 경로의 교통요금을 정리하면 다음과 같다.

경로	소요시간
버스-기차-택시	1,200+23,700+10,700=35,600원
지하철-기차-택시	1,250+23,700+10,700=35,650원
택시-기차-택시	11,300+23,700+10,700=45,700원

따라서 박람회장에 늦지 않게 도착하며 교통요금이 제일 적은 경로는 버스-기차-택시이다.

15   정답 ④

공업용 P제품이기 때문에 맨 앞자리에는 CA가 오고 2017년 9월 3일 울산공장 B생산라인에서 만들었으므로 가운데 자리에는 5021709030이 온다. 마지막 자리에는 104번째로 만든 P제품이므로 0104가 와야 한다. 따라서 알맞은 시리얼 넘버는 CA-502170903-0104이다.

오답 분석

① BA-301150608-0156 : 2015년 6월 8일 광명공장 A생산라인에서 156번째로 만든 골프카용 P제품
② AA-404201114-0235 : 2020년 11월 14일 군산공장 D생산라인에서 235번째로 만든 산업용 P제품
③ AB-205190821-1869 : 2019년 8월 21일 용인공장 E생산라인에서 1,869번째로 만든 차량용 P제품
⑤ BB-101161105-0007 : 2016년 11월 5일 평택공장 A생산라인에서 7번째로 만든 지게차용 P제품

01	02	03	04	05	06	07	08	09	10
①	③	④	②	②	⑤	④	④	③	④
11	12	13	14	15					
⑤	④	①	⑤	②					

01 　　　정답 ①

별도의 휴가를 사용하지 않을 경우 매주 근무하는 직원을 정리하면 다음과 같다.

일	월	화	수	목	금	토
B, C, F	휴무	A, D, E, F	A, C, D, F	A, C, D, E	A, B, C, E	A, B, C, E

요일별 근무자들의 담당 가능 영역을 참고하여 휴가 사용 가능 여부를 확인한다. 8월 2일(목요일)의 경우 A를 제외한 나머지 C와 D, E 중 조리를 담당할 수 있는 사람이 없으므로 A는 휴가를 사용할 수 없다.

오답 분석

② 8월 8일(수요일) F : A가 조리, C가 계산, D가 정리를 담당할 수 있으므로 휴가 사용이 가능하다.
③ 8월 18일(토요일) C : B와 E 중 한 명이 계산을 담당할 수 있으므로 휴가 사용이 가능하다.
④ 8월 25일(토요일) E : A가 정리, B가 조리, C가 계산을 담당할 수 있으므로 휴가 사용이 가능하다.
⑤ 8월 28일(화요일) D : A가 정리, E가 계산, F가 조리를 담당할 수 있으므로 휴가 사용이 가능하다.

02 　　　정답 ③

3교대로 변경 시 근무 배정표를 채우면 다음과 같다.

구분		1	2	3	4	5	6	7	8	9	10	11	12	13	14
3교대	A조	휴	오	오	오	오	오	휴	야	야	야	야	야	휴	휴
	B조	아	아	아	아	휴	휴	오	오	오	오	오	휴	야	야
	C조	야	야	휴	휴	아	아	아	아	아	휴	휴	오	오	오
	D조	오	휴	야	야	야	야	휴	휴	아	아	아	아	아	휴

따라서 ⊙은 오후, ⊙은 휴일, ⊙은 아침 근무이다.

Tip

3교대 근무로 바뀌게 되면 다른 조와 근무가 겹치지 않는다. 오후-야간으로 교체되는 경우 하루를, 아침-오후, 야간-아침으로 교체되는 경우 이틀을 쉰다는 점에 유의한다.

03 　　　정답 ④

2번 문제에서 정리한 근무 배정표를 볼 때, 8일 휴무 조는 B조가 아닌 D조이므로 대체자가 소속 조는 D가 되어야 한다.

04 　　　정답 ②

신입사원의 입사 성적 합계와 희망 부서는 다음과 같다.

신입사원	필기시험 점수	면접 점수	합계	희망 부서
A	85	90	175	기획조정실
B	81	91	172	법무지원실
C	89	86	175	경영지원실
D	82	91	173	기획조정실
E	86	92	178	법무지원실
F	90	89	179	기획조정실
G	84	90	174	경영지원실
H	87	88	175	법무지원실

기획조정실 희망자 중 점수가 가장 낮은 D와 법무지원실 희망자 중 점수가 가장 낮은 B는 경영지원실에 배치된다.

Tip

부서별 충원 요청 인원과 신입사원의 희망 부서를 비교할 때 경영지원실은 요청 인원보다 희망 인원이 적으므로 경영지원실을 희망하는 C와 G는 점수에 상관없이 희망 부서에 배치된다.

05 　　　정답 ②

희망 부서가 법무지원실인 신입사원 B, E, H 중 전공 적합 점수와 입사성적을 합산한 총점이 높은 순서는 E → B → H이다. 따라서 법무지원실에 2명이 충원된다면 E와 B가 배치되고, H는 타 부서에 배치된다.

신입사원	입사 성적	전공	합계	희망 부서
A	175	90	265	기획조정실
B	172	100	272	법무지원실
C	175	100	275	경영지원실
D	173	100	273	기획조정실
E	178	100	278	법무지원실
F	179	95	274	기획조정실
G	174	90	264	경영지원실
H	175	95	270	법무지원실

오답 분석

① 희망 부서가 기획조정실인 신입사원 A, D, F 중 전공 적합 점수와 입사 성적을 합산한 총점이 가장 낮은 신입사원은 A이므로, 기획조정실에 2명이 배치된다면 A는 타 부서에 배치된다.
③ 신입사원 E는 전공 적합 점수와 입사 성적을 합산한 총점이 278점으로 가장 높다.
④ 희망 부서가 경영지원실인 신입사원 C와 G 중 전공 적합 점수와 입사 성적을 합산한 총점이 더 높은 사원은 C이므로 G보다 우선 배치된다.
⑤ 전공 적합 점수가 만점인 사원은 B, C, D, E로 총 4명이다.

06

정답 ⑤

식품별 적정 저장온도를 정리하면 다음과 같다.

구분	-1	0	1	2	3	4	5	6	7	8	9	10
사과												
포도												
감귤												
딸기												
참외												
자두												
멜론												
토마토												
파프리카												
무												
감자												
당근												
상추												

따라서 온도를 4℃로 맞춘 저장고에 보관하기 적절한 것은 사과, 감귤, 딸기, 멜론, 당근, 상추이다.

07

정답 ④

토마토는 에틸렌을 많이 생성하는데, 상추는 에틸렌 민감성이 높으므로 함께 저장하지 않는 것이 좋다.

오답 분석

① 사과는 에틸렌을 매우 많이 생성하지만 무는 민감성이 낮으므로 함께 저장할 수 있다.
② 감귤과 당근은 둘 다 에틸렌 생성량이 매우 적고, 민감성도 중간이므로 함께 저장할 수 있다.
③ 멜론은 에틸렌을 많이 생성하지만 포도는 에틸렌 민감성이 낮으므로 함께 저장할 수 있다.
⑤ 참외의 에틸렌 생성량은 중간이고, 파프리카의 에틸렌 민감성은 낮으므로 함께 저장할 수 있다.

08

정답 ④

서류심사 점수를 합산하면 다음과 같다.

지원자	A	B	C	D	E	F	G	H	I
점수	78	79	87	73	85	83	84	75	81

따라서 80점 이상 득점자는 C, E, F, G, I 5명이다.

09

정답 ③

문제에서 서류심사 결과 80점 미만을 획득할 경우 면접심사에서 만점을 받아야 최종 선발에 포함된다고 하였다. 면접에서 만점을 받은 사람이 없으므로 80점 이상인 사람의 점수만 계산한다. 면접 점수와 서류 점수를 더한 최종 점수는 다음과 같다.

지원자	C	E	F	G	I
면접	76	78	77	83	81
합계	163	163	160	167	162

이 중 점수가 가장 높은 G와 동점자 중 서류심사 점수가 더 높은 C가 최종 선발자가 된다.

10

정답 ④

다른 조와 근무 편성이 겹치면 안 된다. 따라서 2일은 야간 근무, 5일은 휴무, 8일은 오후 근무, 11일은 휴무, 14일은 오전 근무이다.

11

정답 ⑤

날짜	연차 신청자	대체 가능
3일	조은아(A조)	B조
6일	이영재(B조)	D조/C조
9일	정승연(C조)	A조
10일	박채윤(B조)	A조/D조
12일	차현수(D조)	C조/B조

12일에는 D조인 차현수가 연차를 신청하였고, B조 또는 C조에 속한 인원이 대체 가능하다. 그러나 김은성은 A조이므로 적절하지 않다.

12

정답 ④

D의 외국어는 영어이며 본인이 미국지사로 파견되길 희망하고 있다. 그러므로 D는 일본지사보다는 미국지사로 파견시키는 것이 가장 적절하다. A의 외국어는 영어와 중국어이므로 영어권 국가와 중국지사 중 한 곳을 가는 것이 적절하고, B는 프랑스어와 영어를 하고 본인이 유럽 지역으로 파견되길 희망하므로 유럽 지역 중 영어권 국가나 프랑스로 파견되는 것이 적절하다. 또한 C는 일본어와 중국어를 하지만 5년의 중국 유학 경험이 있으므로 중국지사로 파견되는 것이 적절하며, E는 독일어를 하고 3년의 독일 파견 경험이 있으므로 독일지사로 파견되는 것이 적절하다.

13

정답 ①

최근 3년 이내 연구 실적의 양적 수준 평가 결과를 계산하면 다음과 같다.

- A : $200+(70×1.5)+100+70=475 \rightarrow$ 24점
- B : $140+(100×3)+50=490 \rightarrow$ 24점
- C : $(140×2)+(100×2)+(100×0.7)=550 \rightarrow$ 27점
- D : $(140×2)+(100×1.5×2)+50=630 \rightarrow$ 30점
- E : $(100×2)+70+30=300 \rightarrow$ 21점

전공 적부 평가 결과를 점수화하고, 연구 업적 심사와 함께 다음과 같이 표로 정리할 수 있다.

구분		A	B	C	D	E
전공 적부	㉠	15	10	20	20	15
	㉡	20	20	30	20	30
	㉢	50	50	25	25	50
연구 업적	㉠	8	4	10	6	6
	㉡	(24)	(24)	(27)	(30)	(21)
	㉢	21	24	21	27	15
합계		138	132	133	128	137

따라서 A의 총점이 138점으로 가장 높다.

14 정답 ⑤

A : 심사위원 2의 첫 번째 언급을 보면, 발표 방법 및 태도의 적절성과 논리적 표현 능력 점수가 같다고 하였으므로, ⓐ＝17점이다. 따라서 A지원자의 총점은 69점이다.

B : 심사위원 1의 두 번째 언급을 보면, B지원자의 발표 방법 및 태도의 적절성 점수가 전체 지원자 중 두 번째로 높다고 하였다. 따라서 가장 높은 점수를 받은 D지원자(20점) 다음으로 ⓒ＝19을 받았으며, B지원자의 총점은 76점이다.

C : 심사위원 3의 첫 번째 언급을 보면, C지원자의 총점은 A지원자의 총점과 같다고 하였으므로 ⓑ＋55＝69점이다. 따라서 ⓑ＝14점이다.

E : 심사위원 2의 두 번째 언급을 보면, E지원자의 질문에 대한 응답 능력 점수는 B지원자(17점)보다 높고 C지원자(19점)보다 낮다고 하였으므로 ⓓ＝18점이다. 따라서 총점은 74점이다.

심사위원 합계 점수÷3을 적용한 지원자별 공개 세미나 점수는 다음과 같다.

A	B	C	D	E
23	25	23	26	24

공개 세미나 점수를 13번 문제에서 도출한 전공 적부 심사 및 연구 업적 심사 점수와 합산하면 A와 E가 161점으로 같다. 동점자가 발생할 경우 전공 적부 심사 총점이 더 높은 사람을 선임하므로 전공 적부 심사 점수가 10점 더 높은 E가 Q대학 교수로 선임된다.

15 정답 ②

직원들의 〈업무평가 결과〉의 총합을 구하면 다음과 같다.

(단위 : 점)

직원	부서	업무 달성도	업무 지식	책임감	근무 태도	총점
A	인사부	23	20	22	15	80
B	총무부	21	18	17	25	81
C	영업부	19	20	25	20	84
D	영업부	15	20	21	24	80
E	인사부	18	19	21	14	72
F	인사부	25	18	19	15	77
G	경영지원부	19	22	14	13	68
H	마케팅부	25	23	20	25	93
I	경영지원부	24	24	18	23	89
J	총무부	22	23	19	25	89
K	마케팅부	19	21	24	15	79
L	전산부	18	16	23	16	73
M	마케팅부	19	15	9	16	59

총점이 90점 이상인 직원은 마케팅부의 H뿐이다. 따라서 승진 대상자가 있는 부서는 마케팅부이다.

CHAPTER 01 | 최종 점검 모의고사 1회

01	02	03	04	05	06	07	08	09	10
⑤	③	⑤	④	④	②	③	④	③	②
11	12	13	14	15	16	17	18	19	20
②	④	②	④	③	④	③	③	①	②
21	22	23	24	25	26	27	28	29	30
⑤	③	③	③	⑤	④	③	③	③	③

01
정답 ⑤

출장 일정과 시차 정보를 참고하여 현지의 입·출국 일자를 정리하면 다음과 같다.
- 베를린 입국 : 8월 20일 15시 20분(서울 : 8월 20일 22시 20분)
- 베를린 출국 : 8월 24일 11시 45분
- 필라델피아 입국 : 8월 24일 22시 5분(베를린 : 8월 25일 4시 5분)
- 필라델피아 출국 : 8월 29일 22시 15분
- 인천 입국 : 8월 31일 오전 10시 5분(필라델피아 : 8월 30일 21시 5분)

02
정답 ③

신입사원 업무 평가의 최종 점수를 구하면 다음과 같다.

구분	A	B	C	D	E
총점	382	366	378	396	398

우선 1지망에서 개발부를 지원한 A와 B 중 A의 업무 평가 점수가 더 높으므로 A는 개발부에 배정된다. 마찬가지 방식으로 업무 평가 점수가 가장 높은 E는 인사부에 배정된다. 남은 B와 C, D 모두 2지망에서 대외협력부를 지원하였으므로 이 중 평가 점수가 가장 높은 D가 대외협력부에 배정되고, B는 3지망인 영업부에 배정된다. 3지망으로 개발부를 선택한 C는 이미 A가 개발부에 배정되었으므로 총무부와 관리부 중 원하는 부서를 다시 선택하여야 한다.

03
정답 ⑤

업체별로 작업이 완료되는 시점을 나타내면 다음과 같다.

구분	11일(목)	12일(금)	13일(토)	14일(일)	15일(월)	16일(화)
A	30벌 (17:30)	40벌 (17:00)	30벌 (15:00)	−	30벌 (15:00)	도착 (14:00)
B	30벌 (16:00)	70벌 (16:30)	30벌 (10:00)	−	도착 (14:00)	−
C	40벌 (15:30)	80벌 (17:00)	10벌 (09:00), 도착 (18:00)	−	−	−
D	40벌 (19:30)	60벌 (19:30)	30벌 (13:30), 도착 (15:30)	−	−	−

따라서 가장 빠른 시간에 점퍼를 받아 볼 수 있는 업체는 D이며 도착 시간은 10월 13일 15:30이다.

> **Tip**
> B는 101번째 점퍼부터 10벌당 1시간 20분이 소요된다는 점, C의 경우 40벌 제작 시마다 기계 냉각 시간이 필요하다는 점 등에 주의한다.

04
정답 ④

우선 B의 경우 JLPT의 등급이 N3 미만이므로 지원 조건에 미달한다. C는 입사일로부터 만 3년이 지나지 않았으며 E는 공고일 기준 6개월 내에 징계 이력(감봉)이 있어 지원할 수 없다. 따라서 A와 D만이 지원 조건에 적합한 상태인데, D의 JLPT 등급이 N2로 더 높다. JLPT 등급이 높은 사람을 우대한다고 하였으므로 둘 중 파견 가능성이 높은 사람은 D이다.

05
정답 ④

〈업무 지시 메일〉에서 필요한 정보만을 찾아 정리한다. 우선 사료를 보관해야 하는 기간은 4월 22일부터 6월 13일까지, 즉 53일간 보관해야 한다. 컨테이너 4대(5T 이하)는 1층과 2층 중 저렴한 곳에 보관해야 하는데, 입·출고 시 1층과 2층의 가격차가 320,000원(80,000×4)인 데 비해 보관료는 1층 1,367,200원(341,800×4), 2층 875,600원으로 2층이 훨씬 저렴하다. 따라서 2층에 보관하는 가격과 상·하차 가격 800,000원을 더해 1,675,600원의 비용이 소요된다. 나머지 컨테이너 1대(박스)의 경우 1층 보관이므로 보관료는 341,800원, 입고 시 하차 비용 100,000원, 출고 시 출고 및 상차 비용 200,000원이 소요되므로 총 비용은 641,800원이다. 이를 모두 합하면 2,317,400원의 비용이 소요된다.

06 정답 ②

인사부는 둘째 주를 희망하므로 고정한다. 그리고 1주는 기획부와 정보부, 3주는 정보부, 4주는 영업부, 5주는 총무부가 각각 불가능하다.

오답 분석

① 셋째 주 정보부는 보안 교육으로 불가능하다.
③ 셋째 주 정보부, 마지막 주 총무부는 불가능하다.
④ 불가능한 것은 아니지만 인사부는 둘째 주를 희망했으므로 가장 적절한 순서는 아니다.
⑤ 첫째 주 기획부와 셋째 주 정보부는 불가능하다.

07 정답 ③

가중치에 따라 각 부지별 점수를 계산하면 다음과 같다.

구분	A	B	C	D	E
유동인구	24	18	22.5	16.5	19.5
접근성	16.5	22.5	24	18	21
부지 넓이	14	16	10	18	15
편의시설	12	13	15	14	16
총점	66.5	69.5	71.5	66.5	71.5

C와 E의 총점이 같으나, C의 유동인구 점수가 E보다 더 높으므로 특판장 장소로 최종 결정되는 곳은 C이다.

> **Tip**
>
> 가중치가 같은 항목끼리는 해당 값을 더한 뒤 가중치를 적용하면 계산 시간을 줄일 수 있다. 유동인구와 접근성은 30%의 가중치가, 부지 넓이와 편의시설에는 20%의 가중치를 곱하면 되므로 A의 경우 (80+55)×0.3+(70+60)×0.2=66.5와 같이 계산하면 된다.

08 정답 ④

추첨 예비가격에서 가장 많이 선택된 4개의 예비가격은 178,500,000원(2건), 184,000,000원(2건), 186,000,000원(2건), 188,500,000원(2건)이다. 이를 산술평균한 예정가격은 184,250,000원이며 낙찰하한율은 156,612,500원이다. 각 업체의 입찰가 중 낙찰하한율 이하의 가격을 제시한 E를 제외하고 가장 낮은 금액을 제시한 것은 162,000,000원을 제시한 D이다. 따라서 D가 낙찰될 가능성이 가장 높다.

09 정답 ③

8번 문제의 결과에 따라 가격평가 항목의 점수를 구하고 기술평가 항목과 합하여 최종 점수를 구하면 다음과 같다.

구분		A	B	C	D	E
기술평가	사업 수행계획	18	19	14	9	14
	공가 기간	12	9	17	11	12
	인력 관리	11	8	9	11	16
	유지·보수	7	17	11	13	5
가격평가		16	18	24	30	6
최종 점수		48+12 =60	53+18 =71	51+24 =75	44+30 =74	47+6 =53

이 경우 최종 낙찰 가능성이 가장 높은 업체는 C이다.

10 정답 ②

각 사원들의 〈근무평가표〉에 따른 점수 총합 및 이에 따른 연봉 상승 액수를 정리하면 다음과 같다.

구분	A	B	C	D	E
총합	59.3	60.25	67.85	72.4	66.9
상승 연봉 액수	없음	85만 원	75만 원	84만 원	84만 원

연봉 인상률은 D가 3.5%로 가장 높으나 실제 상승 액수는 B가 85만 원으로 가장 크다.

11 정답 ②

근무 평가에 따라 연봉 상승 비율이 가장 높은 직원은 D이다. D의 기존 연봉은 2,400만 원이며 상승 비율은 3.5%이므로 상승한 연봉 총액은 2,484만 원이다. 이를 12로 나누어 구한 월 급여는 207만 원이고 한 달 근무 시간은 160시간이므로 통상시급은 12,940원이며 추가 근무 시 시급은 19,410원이다. 이번 달 추가 근무 시간이 16시간이므로 월 급여 207만 원에 추가 근무 급여 310,560원을 더하면 이번 달 월급인 2,380,560원이 된다.

12 정답 ④

개별 면접과 팀 면접의 소요 시간 차이에 의해 팀 면접은 같은 팀의 세 번째 순서(예 수험번호 1, 2, 3번 중 3번)의 개별 면접이 끝나는 시간에 시작될 수 있다. 따라서 오전 시간에는 12번의 개별 면접이 종료되는 11:20부터 20분간 진행하는 팀 면접이 마지막이 된다. 오후 역시 같은 규칙으로 움직이므로 K가 속한 팀(22, 23, 24)의 팀 면접은 24번의 개별 면접이 종료되는 14:40부터 15:00까지 진행된다. 이후 5분간의 인적성 검사 및 교통비 지급이 이루어지므로 K가 면접 전형을 모두 마치는 시간은 15:05이다.

13

정답 ②

1yd 제작에 소요되는 시간은 1+2+2+3+1+1=10분이고, 비용은 60+30+50+40+20+30=230원이다. 그러므로 3,000yd를 생산한다면 690,000원의 비용과 30,000분=500시간=20일 20시간이 든다.

14

정답 ④

1yd 생산에 소요되는 시간은 본래 10분이므로 3일(72시간) 동안 432yd를 생산할 수 있다. 이때 제작비는 230×432=99,360원이고, 판매비는 119,230원이다. 따라서 판매 이익은 19,870원이다.

염색을 타 업체에 맡기면 소요 시간은 7분으로 단축되어 최대 617yd를 생산할 수 있다. 이때 제작비는 230×617=141,910원이고, 판매비는 170,290원이다. 따라서 판매 이익은 170,290-141,910-6,170=22,210원이다. 그러므로 염색을 위탁업체에 맡길 경우 2,340원 이익이다.

15

정답 ③

기존에는 시간당 6yd를 생산할 수 있었으나 장비 도입 후 15yd를 생산할 수 있다. 따라서 15÷6=2.5배이다.

16

정답 ④

5곳 중 접근성과 가격 및 혜택을 고려할 때, 두 항목의 점수가 가장 높은 곳은 D이다.

17

정답 ③

평균이 높다는 것은 결국 총점이 높음을 의미한다. 방사형 그래프에서는 그래프 내부 면적이 넓을수록 총점이 높다. 따라서 C식당의 예약이 가장 먼저 마감된다. 식당별 평균을 정리하면 다음과 같다.

A식당	B식당	C식당	D식당	E식당
3.7	3.5	4.2	3.7	4

18

정답 ③

업체별로 구입 가격을 정리하면 다음과 같다.

구분	A4용지 (500매)	중성펜 (1다스)	접착 메모지 중형(1개)	접착 메모지 대형(1개)	파일홀더 (10개)	총합
A	76,500	120,000	65,000	50,000	57,000	368,500
B	92,000	115,000	75,000	44,000	51,000	365,690
C	85,000	125,000	70,000	46,000	54,000	366,000

가장 저렴한 업체는 B, 총 구입 가격은 365,690원이다.

19

정답 ①

기획안 작성은 물론 중요한 일이지만 금주 내에만 처리하면 되는 일이다. 그러나 거래처 미팅은 시간을 변경할 수 없고, 미팅 보고서도 생략해서는 안 된다. 또한 시재 점검도 보고해야 하므로 미룰 수 없다. 홍보자료 시안은 금일 중 처리하면 되지만 업무 지시를 오전에 받았으므로 굳이 미룰 필요가 없다.

20

정답 ②

문서를 복사하기 전 각 파일당 1부씩 인쇄해야 하고, 전부 단면으로 인쇄한다. A문서는 컬러이므로 500×12=6,000원이고, B문서는 흑백이므로 30×18=540원이다. 이 인쇄본으로 9부씩 복사하면 되므로 A문서는 300×12×9=32,400원이고, B문서는 20×18×9=3,240원이다.

복사를 마친 후 제본을 해야 하는데, 가장 저렴한 제본은 무선제본이며, A와 B를 합쳐 한 권으로 만드는 것이므로 총 20,000원이 든다.

따라서 총 지불 비용은 6,000+540+32,400+3,240+20,000=62,180원이다.

21

정답 ⑤

평일 가능 여부와 사설기관 여부를 먼저 고려하여 B, D를 선택지에서 제외한다. 나머지 장소 중 A는 거리가 가장 멀고, C는 월평균 봉사 인원이 많다. 따라서 봉사 장소로 가장 적절한 곳은 E이다.

22

정답 ③

우선 B는 15일 전까지만 취소 가능하고, D는 예약 변경·취소가 불가능하므로 후보에서 제외한다. 나머지 예약사이트별 금액은 다음과 같다.

- A : 240,000×3=720,000원
- C : 190,000×4×0.9=684,000원
- D : 175,000×4=700,000원(14,000포인트 적립)

포인트 적립 금액을 감안하더라도 C가 가장 저렴하므로, K는 C를 통해 숙박을 예약할 것이다.

23

정답 ③

우선 연봉 4,000만 원에서 원천징수 금액을 제하면 3,120만 원이 된다. 이를 12로 나누면 월 급여인 260만 원이, 이를 다시 월 근무 시간인 160으로 나누면 통상시급인 16,250원이 된다. 추가 근무는 통상시급의 1.5배를 지급하므로 추가 근무 시 시간당 급여는 24,370원이다. 이번 달 월급인 3,014,290원에서 기존 월 급여인 2,600,000원을 빼면 총 추가 근무 급여 414,290원이 나오고, 이를 추가 근무 시의 시간당 급여인 24,370원으로 나누면 이번 달 추가 근무 시간이 17시간이었음을 확인할 수 있다.

24
정답 ③

- 트랙터 : 10일간 대여하였으므로 총 비용은 30만 원이나, 5일 이상 대여 시 5% 할인되므로 28만 5천 원이다.
- 방제기 : 3일간 대여하였으므로 7만 5천 원이나 약품을 별도 구매하였다 하였으므로 20% 할인되어 6만 원이다.
- 선별기 : 6시간 대여하였으나 이 중 2시간은 부품 교환이 이루어졌으므로 이용료가 면제된다. 따라서 대여 비용은 1만 2천 원이다.
- 파종기 : 6일간 대여하였으므로 대여 비용은 16만 8천 원이고 사용자 부주의로 인한 부품 교체 비용이 발생하였으므로 5만원이 추가되어 총 21만 8천 원이다.

따라서 총 비용은 575,000원이다.

25
정답 ⑤

6일(금요일)이 휴무라는 점을 이용한다. 일요일이 업체 휴일이므로 근무 변경에 의한 휴무는 6일마다 돌아온다. 따라서 이번 달 휴무는 6일, 12일, 18일, 24일, 30일이다. 6일 휴무가 오전 근무와 오후 근무 사이이므로 24일 또한 오전 근무와 오후 근무 사이이며, 따라서 30일이 오후 근무와 야간 근무 사이의 휴일이 된다. 7월은 31일까지 있으므로 Y가 이번 달 마지막으로 야간 근무를 한 날은 7월 31일이다.

26
정답 ④

Y가 이번 달 1일 야간 근무를 하고 이틀을 연속으로 쉬었으므로 일요일과 근무 변경으로 인한 휴무가 연달아 있음을 알 수 있다. 따라서 1일은 금요일 혹은 토요일인데, 어느 경우에도 Y는 8일과 14일이 근무 변경으로 인한 휴무가 되며 따라서 W는 15일에 근무 변경으로 인한 휴무일이다. 이때, 2일 혹은 3일이 일요일이었으므로 15일은 금요일 혹은 토요일이다.

27
정답 ③

회의는 서울 현지 시각으로 3월 5일 10시부터 10시 40분까지 진행된다. 또한 각국 현지 시각으로 9시부터 18시 내에 있을 경우에만 회의에 참석할 수 있다. 서울 현지 시각 10:00~10:40을 각국의 현지 시각으로 바꾸면 다음과 같다.

파리	도쿄	베이징	뉴욕	벤쿠버
02:00~02:40	10:00~10:40	09:00~09:40	20:00~20:40	17:00~17:40

따라서 회의에 참석할 수 있는 직원은 도쿄에 있는 B, 베이징에 있는 C, 벤쿠버에 있는 E 총 3명이다.

28
정답 ③

㉠ L씨가 이용하는 쇼핑몰은 포인트를 적립해 주는 곳이며, 주문 취소가 가능해야 하므로 B 쇼핑몰을 이용한 것임을 알 수 있다.

㉡ S씨는 배송비 없이 10만 원에 원피스를 구매했고, 3일 후 주문 취소를 할 수 없다 하였으므로 배송비, 주문 취소 가능 기간, 반품 배송비를 감안해 보면 A 쇼핑몰을 이용하였다는 것을 알 수 있다.

㉢ J씨는 배송비 없이 45,000원인 외장하드를 구매했으나 제품 하자로 무료 교환을 요청하였고 포인트도 그대로 유지되었다. 따라서 C 쇼핑몰을 이용하는 것을 알 수 있다.

㉣ Y씨는 배송비 없이 12,000원인 가습기를 구매했으나 본인 실수로 잘못 골랐으며 주문 취소가 불가하였다. 또한 교환, 반품비도 비싸다는 것으로 보아 Y씨는 D 쇼핑몰에서 주문한 것임을 알 수 있다.

29
정답 ⑤

업체별로 비용을 확인하면 다음과 같다.

- A : 21,000×250×0.9=4,725,000원
- B : (19,000×100)+(19,000×150×0.95)=4,607,500원
- C : (18,000×250)+(20,000×5)=4,600,000원
- D : 22,000×250×0.85=4,675,000원
- E : 73,000×63=4,599,000원

따라서 가장 저렴한 업체는 E이다.

30
정답 ③

우선 각각의 시간외근무 시간을 산정하면 다음과 같다.

- 8일 : 2시간 35분−1시간=1시간 35분
- 9일 : 3시간 10분−1시간=2시간 10분
- 13일 : 오전 9시부터 오후 2시까지 총 5시간=4시간(1일 최대 4시간까지 인정)
- 14일 : 50분+1시간 40분−1시간=1시간 30분
- 연차, 지각, 조퇴가 없었으므로 출근일수는 15일 이상이다. 따라서 10시간 추가

위 시간을 월 단위로 계산하면 1시간 35분+2시간 10분+4시간+1시간 30분+10시간=19시간 15분이므로 이번 달 시간외근무 시간은 19시간이다.

갑은 5급 직원이므로 시간당 11,000원이 적용되며, 따라서 이번 달 추가 수당으로 209,000원을 받게 된다.

01	02	03	04	05	06	07	08	09	10
③	⑤	④	④	③	②	①	⑤	③	⑤
11	12	13	14	15	16	17	18	19	20
②	⑤	④	⑤	①	⑤	④	③	③	④
21	22	23	24	25	26	27	28	29	30
④	④	③	④	④	③	①	②	③	③

01 　　　　　정답 ③

작년과 올해 동일한 전형으로 신입사원을 채용한다고 하였으므로 채용 전형 정보를 참고하여 작년의 비용을 계산해보면 다음과 같다.

구분	채용 공고	서류 심사	필기 시험	PPT 면접	임원진 면접	합격자 공지	합계
비용	120 만 원	260 만 원	2,750 만 원	136 만 원	85 만 원	95 만 원	3,446 만 원

총 비용을 작년 대비 10% 절감하였다고 하였으므로 절감된 금액은 344만 6천 원이다. 따라서 올해 신입사원 채용에 소요되는 금액은 3,101만 4천 원이다.

02 　　　　　정답 ⑤

K는 프라모델과 영화에 관심이 있다고 하였으므로 A홀 혹은 C홀을 방문해야 한다. 그런데 K가 사진 촬영을 신청한 배우 에즈라 밀러의 포토 존은 B홀과 C홀에 마련될 예정이므로 K는 8월 5일 16:00~18:00 일정으로 C홀을 방문하는 것이 가장 적절하다.

03 　　　　　정답 ④

각 후보지의 30개월간의 운영 비용을 정리하면 다음과 같다. 이때, A와 B는 매월 소요되는 비용이 210만 원으로 동일하므로 최종 운영 비용 역시 같다.

구분	월 임대료 총합	비고	총합
A	5,700만 원	관리비 총합 600만 원 추가	6,300만 원
B	6,300만 원	–	6,300만 원
C	5,100만 원	초기 인테리어 비용 1,500만 원 추가	6,600만 원
D	7,200만 원	임대료 할인 금액 1,200만 원 할인	6,000만 원
E	4,800만 원	시설 점검 · 수리비 1,800만 원 추가	6,600만 원

이를 참고했을 때 가장 적절한 곳은 D이다.

04 　　　　　정답 ④

다섯 업체 중 B와 C의 경우 최근 3년 내 벌금 · 과징금 처분이 있으므로 총점에서 10%를 감점해야 한다. 이를 적용한 최종 점수는 다음과 같다.

구분	A	B	C	D	E
총점	62	65.25	64.8	70	69.5

따라서 총점이 가장 높은 D업체가 최종 낙찰될 가능성이 가장 높다.

05 　　　　　정답 ③

서울-파리 노선별 도착시각은 다음과 같다.
• A8930 : 11월 15일 오전 6시 40분에 출발하여 12시간 30분 후에 도착하므로 서울 기준 15일 오후 7시 10분에 도착하며, 파리 시간으로는 15일 오전 11시 10분에 도착한다. 이 경우 정해진 시간 안에 도착할 수 없다.
• K3814 : 11월 14일 오후 11시 50분에 출발하여 14시간 40분 후에 도착하므로 서울 기준 15일 오후 2시 30분에 도착하며, 파리 시간으로는 15일 오전 6시 30분에 도착한다.
• X5492 : 11월 15일 오전 5시 50분에 출발하여 13시간 5분 후에 도착하므로 서울 기준 15일 오후 6시 55분에 도착하며 파리 시간으로는 15일 오전 10시 55분에 도착한다.

> **Tip**
>
> 서울과 파리의 시차는 8시간이다. 서울이 파리보다 8시간 빠르므로 서울에서 파리로 이동할 때 도착시각 =출발시각+(비행 시간−8시간)임을 고려하여 한번에 계산하면 더 간단하다.

06 　　　　　정답 ②

파리-서울 노선별 도착시간은 다음과 같다.
• T1235 : 11월 20일 오전 12시 35분에 출발하여 12시간 10분 후에 도착하므로 파리 기준 20일 오후 12시 45분에 도착하며, 서울 시각으로는 20일 오후 8시 45분에 도착한다. 이 경우 정해진 시간 안에 도착할 수 없다.
• L9610 : 11월 19일 오후 10시 55분에 출발하여 12시간 40분 후에 도착하므로 파리 기준 20일 오전 11시 35분에 도착하며, 서울 시각으로는 20일 오후 7시 35분에 도착한다.
• N8463 : 11월 19일 오후 9시 40분에 출발하여 14시간 30분 후에 도착하므로 파리 기준 20일 오후 12시 10분에 도착하며, 서울 시각으로는 20일 오후 8시 10분에 도착한다. 이 경우 정해진 시간 안에 도착할 수 없다.
서울-파리 노선의 경우 정해진 시간에 도착 가능하면서 가장 저렴한 비행기는 K3814편으로 66만 원이고, 파리 - 서울 노선의 경우 L9610편으로 77만 원이다. 따라서 최저 운임은 143만 원이다.

07

정답 ①

F까지 가는 경로는 ⓐ A−B−C−D−E−F와 ⓑ A−B−C−E−F 둘로 나눌 수 있다. 여기에 환승 소요시간을 포함하여 총 시간을 계산하면 ⓐ 35분, ⓑ 36분이므로 최단 시간이 소요되는 경로는 A−B−C−D−E−F이며 이때의 소요 시간은 35분이다.

08

정답 ⑤

박스당 300만 원을 초과하거나 가격을 환산할 수 없는 예술품이나 귀중품은 취급 금지 물품이다. 그림은 예술품에 속하므로 해당 그림의 가격을 확인한 후 배송 가능 여부를 고지해야 한다.

09

정답 ③

㉠ 화물 규격은 소형에 해당하나 한우는 부패성 화물이므로 기본 운임의 50% 할증이 적용된다. 또한 강원도에서 전라북도로 배송 시 거리별 운임은 120%이므로 $4,000 \times 1.5 \times 1.2 = 7,200$원이다.
㉡ 무게와 길이 중 큰 쪽을 기준으로 삼으므로 화물 규격은 중형이고, 서울에서 경상남도는 거리별 운임이 110% 적용되므로 $5,000 \times 1.1 = 5,500$원이다.
따라서 총 운임은 12,700원이다.

10

정답 ⑤

성격유형검사에 부합하는 팀을 정리하면 다음과 같다.

구분	성격 유형	부합 팀
갑	외향, 직관, 감정, 판단	홍보
을	내향, 직관, 감정, 판단	인사
병	외향, 감각, 사고, 판단	재무
정	내향, 직관, 사고, 판단	연구

11

정답 ②

갑, 을, 병, 정의 성격유형검사 각 수치를 합산한 값은 다음과 같다.
· 갑 : $60 + (30 \times 2) + 55 + 20 = 195$
· 을 : $40 + (60 \times 2) + 45 + 35 = 240$
· 병 : $25 + (65 \times 2) + 30 + 15 = 200$
· 정 : $15 + (50 \times 2) + 65 + 40 = 220$
따라서 가장 잘 적응할 인물은 을, 가장 적응하지 못할 인물은 갑이다.

12

정답 ⑤

각 공급처로부터 두 물품 모두를 함께 구매할 경우의 총 구매가격을 표로 정리해 보면 다음과 같다.

공급처	물품	세트당 포함 수량(개)	세트 가격	물품 구매금액	총 구매금액
A산업	의자	100	85만 원	85×4 =340만 원	5,290,000원 → 5,025,500원 (5% 할인)
	파티션	60	27만 원	27×7 =189만 원	
B상사	의자	110	90만 원	90×4 =360만 원	5,350,000원 → 5,082,500원 (5% 할인)
	파티션	80	35만 원	35×5 =175만 원	
C물류	의자	90	80만 원	80×5 =400만 원	6,400,000원 → 5,120,000원 (20% 할인)
	파티션	130	60만 원	60×4 =240만 원	

따라서 견적 금액이 가장 비싼 업체는 C물류, B상사, A산업의 순이 되는 것을 알 수 있다.

13

정답 ④

오늘은 12일 화요일이며, 이달의 말일은 30일 토요일이다.

일	월	화	수	목	금	토
					1	2
3	4	5	6	7	8	9
10	11	12	13	14	15	16
17	18	19	20	21	22	23
24	25	26	27	28	29	30

· 이달에는 지출 결의서 결재가 25일 월요일에 처리된다. 갑이 이달 내에 결재를 받기 위해서는 25일 이전에는 귀국하여야 한다. 그런데 갑은 한국에 도착한 날에는 휴가를 낸다고 하였으므로 주말을 제외하고 22일 이전에 귀국할 것이다.
· 갑은 A항공을 이용하여 콘퍼런스 시작 전날 아침에 미국에 도착할 예정이므로 콘퍼런스 전날 오전에 미국행 비행기에 탑승해야 한다. 그런데 A항공은 매주 수요일에는 오후에만 항공편을 운행한다고 하였으므로 갑은 수요일을 제외하고 14일 이후에 출국할 것이다.
· 콘퍼런스는 미국에서 주중 3일 동안 열린다고 하였으므로, 갑은 화요일에는 미국에 도착해야 한다.
위 정보들을 종합하면 콘퍼런스는 미국에서 18~20일 3일간 열리고, 갑은 17일 오전 비행기로 출발하여 미국에 현지 시간 기준 17일 오전에 도착하며, 현지 시간 기준 20일 저녁 9시 비행기를 타고 출발하여 한국에는 21일 자정에 도착한다.

14
정답 ⑤

작은 현수막에만 각목과 로프를 추가한다. 이때 작은 현수막의 폭이 100cm 이하이므로 각목과 로프의 개당 금액이 같아 2,000×40=80,000원이다. 따라서 총 금액은 588,500원이다.

15
정답 ①

서울을 기준으로 런던은 9시간, 시애틀은 17시간 느리다. 따라서 도착시각은 출발시각에 해당 시차만큼을 더하면 된다. 각 비행편의 도착시각을 정리하면 다음과 같다.

편명	도착시각
L9051	21시 50분
W4265	21시 10분
H5362	22시 10분
G7550	22시 20분
T8732	22시 10분
K7682	21시 50분

따라서 런던-서울 노선의 경우 L9051편과 W4265편이 가능하고, 시애틀-서울 노선의 경우 K7682편만 가능하다.

16
정답 ②

우선 시애틀-서울 노선에서는 K7682편만 가능하므로 운임은 인당 97만 원이다. 런던-서울 노선에서는 W4265편을 선택해야 하며, 운임은 인당 88만 원이다. 따라서 비용은 97×2+88×2=370만 원이다.

17
정답 ⑤

그림을 보면 배너는 총 7군데에 설치되는데, 실외 3곳은 양면, 2곳은 단면 거치대를 세워야 하며, 실내에 2개의 거치대가 필요하다. 따라서 배너 10개(100,000원)+실내거치대 2개(24,000원)+양면 실외거치대 3개(75,000원)+단면 실외거치대 2개(40,000원)=239,000원이 든다.

18
정답 ③

실내 배너는 그대로 유지하므로 기본 배너 2장 20,000원+거치대 2개 24,000원=44,000원이 들고, 실외는 단면으로 2곳에 설치하므로 페트지 2장 68,000원+거치대 2개 40,000원=108,000원이다. 따라서 총 비용은 152,000원이며, 17번 문제의 비용인 239,000원보다 87,000원 적게 든다.

19
정답 ③

7,000~9,000원의 가격 제한을 두어 디퓨저와 만년필, 우산은 제외되며, 회의 내용 후반부를 볼 때 미니 선풍기를 선택할 가능성이 높다.

20
정답 ④

A업체의 미니 선풍기 단가는 7,880원, B업체의 미니 선풍기 단가는 8,000원으로 현재 할인 행사 중이다.
• A업체 : 7,880×200=1,576,000원
• B업체 : 8,000×200×0.98=1,568,000원
따라서 비용이 1,568,000원으로 더 저렴한 B업체에 주문할 것이다.

21
정답 ④

10월 26일 교육의 경우 총 교육시간 5시간 중 2시간은 기본 교육비를, 3시간에 대해서는 근무 시간 외의 교육비, 즉 1.3배를 지급해야 한다는 점에 유의한다.
• K부장 : (18,000×2)+(18,000×3×1.3)=106,000원
• Y대리 : (15,000×2)+(15,000×3×1.3)=88,500원
• L주임 : (13,000×2)+(13,000×3×1.3)=76,700원
• C사원 : (10,000×2)+(10,000×3×1.3)=52,000원
여기에 4인에 대한 석식 비용 52,000원이 추가되므로 교육비로 지급해야 할 금액은 총 382,400원이다.

22
정답 ④

국외출장 여비는 운임, 일비, 숙박비, 식비이며, 4급 직원은 2호, 6급 직원은 3호로 구분하여 지급한다. 항공운임 1,452,000원을 제외한 나머지 항목을 계산하면 다음과 같다.
• 일비 : 50×3+40×3=270
• 숙박비 : 120×2+100×2=440
• 식비 : 80×3+60×3=420
이를 우리 돈으로 환산하면 (270+440+420)×1,100=1,243,000원이다. 따라서 총 여비는 2,695,000원이다.

23
정답 ③

기간별 지급액을 계산하면 다음과 같다.
• 5월 1일~5월 15일(정액) : 60×15=900
• 5월 16일~5월 30일(10% 감액) : 60×15×0.9=810
• 5월 31일~6월 29일(20% 감액) : 60×30×0.8=1,440
• 6월 30일~7월 14일(30% 감액) : 60×15×0.7=630
• 7월 15일~7월 28일(정액) : 60×14=840
• 7월 29일~8월 10일(30% 감액) : 60×13×0.7=546
J는 위 금액을 모두 합친 5,166달러를 지급받는다.

24
정답 ④

각자의 업무일정을 표로 정리하면 다음과 같다.

구분	T대리	K주임	F주임
9~10	외부 미팅		
10~11		실적 보고	
11~12			
12~13	점심시간		

13~14			서버 장비 교체
14~15	자재 수량 교체		
15~16			
16~17			안전교육
17~18		바이어 미팅	

T대리의 자재 수량 조사 일정을 한 시간 앞이나 한 시간 뒤로 미루는 것이 가능하다고 하였으므로 이것을 13~15시로 변경하면 15~16시에 세 사람 모두 별도의 일정이 없어 회의를 진행할 수 있다. 따라서 가장 적절한 시간은 15~16시이다.

25 정답 ④

- 금연 표지판 : 단독입식형 1개와 게시판형 3개가 필요하므로 45,000＋120,000×3＝405,000원이다.
- 쓰레기통 : 단독형 2개와 벤치 2개 포함 1개가 필요하므로 25,000×2＋155,000＝205,000원이다.

따라서 총 610,000원의 비용이 든다.

26 정답 ③

구매하고자 하는 수량을 모두 구매할 경우 두 군데 업체의 가격을 비 교해 보면 다음과 같다.

- 갑을상사 : 8세트(1,600개)×300＝480,000원, 500×1,200＝600,000원, 합계 1,080,000원 → 할인 적용 후 1,080,000×0.95＝1,026,000원
- 병정물산 : 1,500×350＝525,000원, 9세트(540개)×1,100＝594,000원, 합계 1,119,000원 → 할인 적용 후 1,119,000×0.93＝1,040,670원

따라서 두 업체 모두 할인 적용이 없어도 더 저렴한 업체가 바뀌지 않는다.

오답 분석

② 1,040,670－1,026,000＝14,670원이다.
④ 할인 전 금액과 할인율 모두 병정물산이 크므로 계산할 필요 없이 할인된 금액은 병정물산이 크다는 것을 알 수 있다.
⑤ 할인과 세트 판매가 없어도 갑을상사의 견적 금액이 1,050,000원으로, 1,075,000원인 병정물산보다 더 저렴하다.

27 정답 ①

팀별 희망지역을 살펴보면 2팀씩 경주, 부산, 속초, 전주를 꼽았고, 양양과 제주는 1팀씩 희망하였다. 전체 참여인원은 25＋30＋15＋35＋25＝130명이므로 선호도가 높은 4개 지역 중 인원을 수용할 수 있는 곳은 A(경주)와 B(부산)이다.

28 정답 ②

130명 중 남직원과 여직원의 비율이 3:2이므로 남직원은 78명, 여직원은 52명이다.

- 경주 : 여직원은 4인실 13실을 배정하고, 남직원은 나머지 4인실 12실에 우선 배정한 뒤 남은 30명을 3인실 10실에 배정한다. 총 4인실 25실에 3인실 10실이므로 25×70,000＋10×55,000＝2,300,000원이다.
- 부산 : 남직원은 6인실 13실, 여직원은 6인실 9실을 배정하여 22×100,000＝2,200,000원이다.

따라서 워크숍은 부산(B)으로 가게 되며, 지불하게 될 숙박비는 2,200,000원이다.

29 정답 ③

5명의 지불비용을 계산하면 다음과 같다.

구분	대여료	보험료	총 비용
Q	165,000	100,000	265,000
W	220,000	30,000	250,000
P	170,000	100,000	270,000
R	220,000	30,000	250,000
T	180,000	70,000	250,000

따라서 가장 많은 비용을 지불한 사람은 P이다.

30 정답 ③

업체 S를 이용할 경우 총 비용은 55,000(대여료)＋9,900(연료비)＋30,000(보험료)＝94,900원이다. G카 셰어를 이용할 때, 대여요금을 제외한 나머지 비용은 9,900(주행비)＋30,000(보험료)＝39,900원이므로 둘의 차액은 55,000원이다. 즉, G카 셰어에서의 대여료가 55,000원 이하여야 S업체에서 1일을 대여하는 것보다 저렴하다. 그런데 K는 제휴 카드 사용으로 대여요금의 15%를 할인받을 수 있으므로 주말요금은 10분당 600×0.85＝510원인 셈이다. 55,000÷510≒107.84이므로 1,070분(17시간 50분) 이하로 이용해야 S업체보다 저렴하다.

01	02	03	04	05	06	07	08	09	10
①	③	②	③	④	⑤	③	⑤	④	④
11	12	13	14	15	16	17	18	19	20
⑤	③	①	③	④	⑤	①	③	②	④
21	22	23	24	25	26	27	28	29	30
②	④	①	③	②	④	④	④	③	④

01
정답 ①

제시된 법조문의 요건에 해당하는 것을 표시하면 다음과 같다.

구분		갑	을	병	정	무
인구	최근 30년간 최다 인구 대비 현재 인구 비율	64%	81%	83%	98%	64%
	최근 5년간 인구의 연속 감소 기간	4년	3년	1년	5년	3년
사업체	최근 10년간 최다 사업체 수 대비 현재 사업체 수 비율	96%	94%	94%	97%	96%
	최근 5년간 사업체 수의 연속 감소 기간	3년	4년	3년	2년	2년
	전체 건축물 수 대비 준공된지 20년 미만인 건축물 비율	49%	43%	57%	51%	65%

5개의 후보지역 중 병 지역은 사업체 수 요건만을, 정과 무 지역은 인구 요건만을 충족하고 있어 2개 이상의 요건을 충족하지 못했다.
따라서 병, 정, 무는 도시재생사업 실시지역에서 제외된다. 갑, 을은 각각 요건을 2개 이상 충족하였기 때문에 인구 기준의 하위 두 항목을 비교하여야 한다. 두 지역 중 갑이 최근 30년간 최다 인구 대비 현재 인구 비율이 더 낮고, 최근 5년간 인구의 연속 감소기간이 더 길기 때문에 갑 지역의 사업을 가장 먼저 실시하게 된다.

02
정답 ③

응시자들의 점수를 구하기 전에 채용 조건에 따라 서류전형과 2차 필기에서 최하위 득점을 한 응시자 B와 1차 필기에서 최하위 득점을 한 응시자 D는 채용될 수 없다. 따라서 응시자 A, C, E의 점수는 다음과 같이 계산된다.
- 응시자 A : 84×1.1+92×1.15+92×1.2+90×1.05=403.1점
- 응시자 C : 93×1.1+89×1.15+92×1.2+94×1.05=413.75점
- 응시자 E : 93×1.1+92×1.15+90×1.2+93×1.05=413.75점

응시자 C와 E가 동점이나, 2차 필기의 점수가 높은 응시자 C가 최종 합격이 된다.

03
정답 ②

B공항을 경유하면 가장 짧은 7,850km를 비행하게 된다.

오답 분석
① A공항을 경유하면 8시간 40분의 비행 시간이 소요되나, B공항을 경유하면 8시간 20분이 소요된다.
③ B공항을 경유하면 205만 원, C공항을 경유하면 210만 원의 요금이 발생한다.
④ 시간의 경우 8시간 20분이 소요되는 B공항을 경유하는 방법이, 요금의 경우 동일하게 205만 원이 발생하는 A공항과 B공항을 경유하는 방법이 가장 경제적이다. 따라서 시간과 요금을 함께 고려할 경우 B공항을 경유하는 방법이 가장 경제적이라고 할 수 있다.
⑤ C공항을 경유할 때가 9시간으로 가장 많은 시간이 소요된다.

04
정답 ③

총 경비는 자동차 구매 가격과 2년간의 연료비의 합으로 볼 수 있다. 따라서 다음과 같이 계산할 수 있다.
- A사 차량 : 80,000÷13×800≒492만 원+2,000만 원=2,492만 원
- B사 차량 : 80,000÷10×1,500=1,200만 원+2,100만 원=3,300만 원
- C사 차량 : 80,000÷14×800≒457만 원+1,950만 원=2,407만 원
- D사 차량 : 80,000÷12×1,200=800만 원+2,050만 원=2,850만 원
- E사 차량 : 80,000÷12×1,500≒1,000만 원+2,100만 원=3,100만 원

즉 가장 적은 경비가 소요되는 것은 C사 차량이다.

05
정답 ④

주어진 조건에 따라 7월과 8월의 근무 계획을 달력에 표시하면 다음과 같다.

〈7월〉

일	월	화	수	목	금	토
1 나/송	2 신/한	3 박/김	4 양/정	5 최/강	6 조/이	7 나/남
8 신/송	9 박/한	10 양/김	11 최/정	12 조/강	13 나/이	14 신/남
15 박/송	16 양/한	17 최/김	18 조/정	19 나/강	20 신/이	21 박/남
22 양/송	23 최/한	24 조/김	25 나/정	26 신/강	27 박/이	28 양/남
29 최/송	30 조/한	31 나/김				

〈8월〉

일	월	화	수	목	금	토
			1 신/정	2 박/강	3 양/이	4 최/남
5 조/송	6 나/한	7 신/김	8 박/정	9 양/강	10 최/이	11 조/남
12 나/송	13 내부공사	14 내부공사	15 신/한	16 박/김	17 양/정	18 최/강
19 조/이	20 나/남	21 신/송	22 박/한	23 양/김	24 내부공사	25 내부공사
26 최/정	27 조/강	28 나/이	29 신/남	30 박/송	31 양/한	

정리한 달력을 참고하면 김 사원은 화요일과 목요일에만 근무가 있는 것을 알 수 있다.

오답 분석

① 8월 11일에 함께 근무를 서게 된다.
② 8월 31일이 한 사원의 근무일이 된다.
③ 최 대리는 총무팀이며, 총무팀은 양 대리가 마지막 근무자가 되므로 최 대리와 조 과장만 9회, 나머지 4명은 10회의 근무를 서게 된다.
⑤ 송 대리는 기획팀이며, 기획팀은 한 사원이 마지막 근무자가 되므로 송 대리와 한 사원이 가장 근무를 많이 서는 직원이 된다.

06 　　　　　　　　　　　　　　정답 ⑤

각 직원들의 일과 중 전원에게 동시에 1시간이 비어있는 시간을 찾으면 된다. 우선 대리의 일정상 오전에는 회의가 어렵다. 오후 2시 반까지는 부장의 일정이 있으며, 이후 과장, 부장의 일정이 오후 4시까지 잡혀있다. 오후 4시부터 1시간 정도 전원의 일정이 비어 있으며, 다시 오후 5시 이후부터 주임과 대리의 업무가 시작된다. 따라서 오후 4시부터 5시까지 전원이 참석하는 회의가 가능하다.

07 　　　　　　　　　　　　　　정답 ③

회사를 출발한 남 대리가 가장 먼저 방문할 수 있는 장소는 A 또는 B이다. 그런데 A로 직접 가는 것과 B를 거쳐 A로 가는 것은 동일한 이동 시간이 소요되므로 동일 시간 내에 더 많은 장소를 방문하는 것이 이동 시간을 단축할 수 있게 된다. 또한 B에 도착하면 다시 회사로 가거나 A로 가는 경로밖에 없게 된다. 따라서 회사-B-A의 경로가 확정될 수 있으며, 이때의 이동 시간은 2시간 15분이 된다.
A에서는 C와 D를 방문할 수 있는데, C를 거쳐 D로 이동하는 경우의 이동 시간은 1시간 30분+45분=2시간 15분이며, D를 거쳐 C로 이동하는 경우의 이동 시간은 3시간 45분+45분=4시간 15분이므로 C를 거쳐 D로 이동하는 방법을 선택해야 하며 이때의 이동 시간은 2시간 15분이 된다.
따라서 회사-B-A-C-D의 경로로 이동할 때 소요되는 2시간 15분+2시간 15분=4시간 30분이 네 개 거래처를 모두 방문하는 데 걸리는 가장 짧은 시간이 된다.

08 　　　　　　　　　　　　　　정답 ⑤

기본요금과 매 30분당 요금을 적용하여 시간대별 대여료를 정리해보면 다음과 같다.

구분	~2시간	~3시간	~4시간	~5시간	~5.5시간	~6시간	~7시간
제1요금제	17,000원	19,000원	21,000원	23,000원	24,000원	25,000원	27,000원
제2요금제	17,000원	17,000원	19,600원	22,200원	23,500원	24,800원	27,400원

따라서 30분이 경과한 후부터 6시간까지는 줄곧 제2요금제의 대여료가 더 저렴하며, 3시간 이후부터는 30분마다 두 대여료의 차이가 300원씩 줄어들어 결국 6시간에서 1분만 넘어가도 다음 단계 대여료는 제1요금제 26,000원, 제2요금제가 26,100원으로 대여료 역전이 일어나게 된다. 두 요금제의 대여료가 똑같아지는 순간은 없다. 따라서 ㉠을 제외한 나머지는 모두 올바른 설명이다.

09 　　　　　　　　　　　　　　정답 ④

현지에서 비행기를 탑승한 시간을 기준으로 시차를 계산하면 된다. 7월 25일 오전 8시에 인천공항(서울)에 도착하였으므로 현지 출발시각은 서울 시각으로 7월 24일 오후 8시이다. 그런데 자료에서는 현지 시각 오전 9시 비행기를 탔다고 하였으므로 서울과의 시차가 11시간임을 알 수 있다. 따라서 서머타임 적용으로 서울과 11시간의 시차가 있는 도시인 상파울루가 K부장의 출장지이다.

10 　　　　　　　　　　　　　　정답 ④

갑은 렌탈 제품을 원하며 월 렌탈 비용이 5만 원 이내여야 한다. 따라서 렌탈이 가능한 B, C, D사 제품이 이에 해당되며, 사용 면적에 가장 근접한 C사 제품이 가장 적절하다고 볼 수 있다.
을은 이전 제품의 전기 사용량이 100W이며 이보다 25% 절약될 수 있는 제품을 원하므로 75W 이하의 전기가 소모되는 B, C, D사 제품이 이에 해당되며, 이 중 조그만 면적에 최적화되어 있고 렌탈이 가능한 D사 제품이 가장 적절하다.
따라서 C사 제품, D사 제품이 정답이 된다.

11 　　　　　　　　　　　　　　정답 ⑤

각 구조물의 사이즈는 cm 단위로 제시되어 있으며, 비용은 m^3로 제시되어 있다. 계산하면 다음과 같다.
- A구조물 : 2.5×3×1.5=11.25, m^3당 총 비용=24,500원, 최종 건축비 275,625원
- B구조물 : 2×2.5×2=10, m^3당 총 비용=34,000원, 최종 건축비 340,000원
- C구조물 : 3.3×3.2×2=21.12, m^3당 총 비용=30,300원, 최종 건축비 639,936원
- D구조물 : 2.2×2.7×1.3=7.722, m^3당 총 비용=32,200원, 최종 건축비 248,648.4원

- E구조물 : 2×2.5×1=5, m³당 총 비용=38,300원, 최종 건축비 191,500원

따라서 가장 저렴한 비용이 드는 구조물은 E구조물이다.

12 정답 ③

중국어와 팬플룻 중급은 모두 수요일에 강좌가 있으며, 아이는 중급 중국어, H씨는 중급 팬플룻을 수강할 수 있다. 또한 종료 시각이 12:00와 11:30이므로 30분만 기다리면 함께 귀가할 수 있으며 두 사람의 수강료는 45,000+55,000=100,000원이다.

오답 분석

① 초급 영어는 화요일에 강좌가 있으며, 수채화는 수요일에 강좌가 있다.
② 초급 영어와 우쿨렐레는 모두 성인 대상 강좌이므로 두 사람이 함께 수강할 수 없다.
④ 노래 교실은 월/금요일, 먹그림은 목요일에 강의가 있다.
⑤ 오카리나는 10:20에, 예쁜 글씨는 11:30에 수업이 종료되므로 1시간 10분을 기다려야 함께 귀가할 수 있다.

13 정답 ①

총 지출액은 40만 원+120만 원+(600+700+600+600 +1,000+320+180)×140=216만 원이므로 각자 54만 원씩 분담한다.

- 준희는 부담한 금액이 없으므로 영숙에게 54만 원을 전달한다. → (A) 540,000원
- 창호는 40만 원을 부담하였고, 기오는 56만 원을 부담하였다. 그러므로 창호는 기호에게 2만 원을 전달하고, 영숙에게 12만 원을 전달한다. → (B) 20,000원, (C) 120,000원

14 정답 ⑤

각각의 이동경로에 따라 소요 시간 및 소요 비용을 계산하면 다음과 같다.

구분	출발지 → 목적지	교통수단	소요 시간	소요 비용
기차	자택 → 청량리역	㉠ 버스	25분	1,000원
		㉡ 지하철	15분	1,250원
	청량리역 → 강릉역	㉢ 새마을호	196분	31,850원
		㉣ KTX	122.5분	61,250원
	강릉역 → A 호텔	㉤ 버스	12.5분	750원
		㉥ 택시	5분	1,750원
버스	자택 → 동서울터미널	ⓐ 버스	22.5분	900원
		ⓑ 지하철	13.5분	1,125원
	동서울터미널 → 강릉터미널	ⓒ 일반고속버스	189분	21,000원
		ⓓ 우등고속버스	147분	31,500원
	강릉터미널 → A 호텔	ⓔ 버스	8.5분	510원
		ⓕ 택시	3.4분	1,190원

이를 종합했을 때, 최단 시간이 걸리는 루트는 ㉡-㉣-㉥으로 142.5분이 소요되고, 이때의 비용은 64,250원이다. 가장 적은 비용이 소요되는 루트는 ⓐ-ⓒ-ⓔ로 총 22,410원의 비용이 발생한다. 따라서 두 경로의 비용 차이는 41,840원이다.

15 정답 ④

기술혁신본부는 공과대학 출신에 운전면허 보유자를 희망하며, 해외사업본부는 2개 이상의 외국어 가능자를 원하는 상황이다. 공과대학 출신자 B, D, E, F 중 운전면허 보유자는 D와 F이고, 2개 이상 외국어 가능자는 C와 G이다. 따라서 기술혁신본부에는 D와 F, 해외사업본부에는 C와 G가 배정된다.

16 정답 ⑤

주어진 시간 기준 A국에서 B국까지는 8시간, B국에서 A국까지는 14시간이 걸렸다. 그런데 두 구간의 비행 시간이 같다고 하였으므로 비행 시간은 (8+14)÷2=11시간이다. 그리고 B국 출발 A국 도착이 실제 비행 시간보다 3시간 더 걸렸으므로 A국이 B국보다 3시간 더 빠르다.

17 정답 ①

- 벽지 : 아파트 24평의 경우 도배평수는 24평×2.5=60평이므로, 실크 기준의 벽지 가격은 39만 원이다. 60평이므로 도배 인건비는 12만 원×4=48만 원(실크 15평 기준 1인 12만 원), 부자재는 (39+48)×0.1=8.7만 원이다. 따라서 시공 비용은 총 95.7만 원이다.
- 바닥재 : 거실 평수는 4.5×5.5÷3.24≒8평이고, 시공 평수는 8평×1.1=8.8평이다. 평당 30,000원인 제품으로 시공 시 비용은 3만 원×8.8평=26.4만 원이다.

따라서 지불해야 하는 총 비용은 122만 1천 원이다.

18 정답 ③

A~E 5개 팀에서 구매 요청한 노트북 대수는 총 8대로, 금액은 450,000×8=3,600,000원이다.

19 정답 ②

조직성과를 적용한 최종 점수로 환산한 등급은 다음과 같다.

구분	조직성과	최종 결과	등급
갑	90%	73.8	B
을	100%	79	A
병	80%	70.4	B
정	90%	77.4	A
무	100%	81	S
기	80%	68	C
경	90%	74.7	B

따라서 S등급은 무, C등급은 기이다.

20
정답 ④

19번 문제 해설에 따르면 A등급을 받은 사람은 을과 정이고, B등급을 받은 사람은 갑, 병, 경이다. 등급별 성과급 총액을 계산하면 다음과 같다.
- A등급 : (220+260)×1.25=600만 원
- B등급 : 250+270+250=770만 원

따라서 이들의 성과급 총액은 1,370만 원이다.

21
정답 ②

오 주임이 9일에 근무하게 되면 4일 연속 야간근무를 하게 되므로 적절하지 않다.

오답 분석

① 다음 달 근무 횟수는 오 주임과 문 사원 모두 14일이다. 근무 횟수는 월 15일 이내이므로 추가해도 무방하다.
③ 문 사원은 현재 주말 휴일이 1회뿐이므로 휴일 근무를 1회 변경해야 한다. 7일 토요일 근무를 6일 금요일로 옮길 경우 목요일과 금요일 연속 근무하게 되지만, 7~8일 48시간 휴식하게 되므로 변경 가능하다.
④ 신 대리는 11~13일 연속 근무하므로 14~15일은 휴무여야 하지만 15일에 근무가 배정된 상태이므로 다른 날로 변경해야 한다. 22일 근무 시 3일 연속 근무하게 되지만 23~24일은 휴무이며, 22일 근무자는 1명이므로 조건에 문제가 없다.
⑤ 주 과장은 27~30일까지 4일 연속 근무가 배정된 상황이므로 근무일을 조정해야 한다. 6일은 신 대리 1명만 근무하고, 4~6일 연속 근무하게 되어도 7~9일은 휴무이므로 적절하다.

22
정답 ④

다음 달 근무 횟수는 주 과장과 신 대리가 각각 13일, 오 주임과 문 사원은 각각 14일이다. 계산하면 {(150,000+120,000)×13+(80,000+96,000)×14}×1.5=8,961,000원이다.

> **Tip**
> 야간전담 근무 직원의 급여는 통상임금의 150%임을 반드시 적용한다.

23
정답 ①

갑, 을, 병, 정, 무의 합격 점수를 구한 값은 다음과 같다.
- 갑 : (73+84+15)+(977×0.3)=465.1
- 을 : (70+85+25)×1.05+(929×0.3)=467.7
- 병 : (64+68+25)×1.05+(765×0.3)=394.35
- 정 : (87+64+15)+(901×0.3)=436.3
- 무 : (56+62+20)+(884×0.3)=403.2

따라서 갑, 을, 병, 정, 무 중에 2위로 입사하는 사람은 갑이다.

24
정답 ③

- 사원 A : 공제대상 의료비는 230만 원−2,400만 원×3%=158만 원이며, 15% 세액공제되므로 158만 원×0.15=237,000원이다.
- 사원 B : 공제대상 의료비는 500만 원−3,600만 원×3%=392만 원이며, 20% 세액공제되므로 392만 원×0.2=784,000원이다.
  ※ 난임시술비는 세액공제율 20%를 적용받는다.
- 사원 C : 공제대상 의료비는 758만 원−2,800만 원×3%=674만 원이며, 15% 세액공제되므로 674만 원×0.15=1,011,000원이다.
- 사원 D : 공제대상 의료비는 1,200만 원−5,000만 원×3%=1,050만 원으로, 700만 원을 초과한다. 따라서 한도 초과금액인 1,050−700=350만 원과 65세 이상(67세 부모님)자를 위한 의료비 총액인 1,200만 원 중 적은 금액인 350만 원을 700만 원과 합한 1,050만 원이 공제대상 의료비가 된다. 15% 세액공제되므로 1,050만 원×0.15=1,575,000원이다.
- 사원 E : 의료비 총액인 80만 원은 총 급여액인 2,250만 원의 3%인 67만 5천 원을 초과하지 않았으므로, 해당되지 않는다.

따라서 세액공제받는 금액이 두 번째로 많은 사원은 C이다.

25
정답 ②

A사의 국외 출장경비는 모두 1인 기준이므로 A사 해외사업부 5명의 3박 4일 독일 출장경비를 구하면 다음과 같다.
- 항공료 : 2,350,000×5=11,750,000원
- 교통비 : 110,000×4×5=2,200,000원
- 숙박비 : 270,000×3×5=4,050,000원

따라서 A사 해외사업부 5명의 3박 4일 독일 출장경비는 11,750,000+2,200,000+4,050,000=1,800만 원이다.

26
정답 ④

제시된 품목의 순서에 따라 각 업체별 가격을 정리하면 다음과 같다.

(단위 : 원)

구분	현수막	유포지	X배너
A업체	150,000	560,000	14,500
B업체	120,000	520,000	7,900
C업체	110,000	590,000	9,900

따라서 품목별로 가장 저렴한 제작 업체는 현수막은 C업체, 유포지는 B업체, X배너는 B업체이다.

27
정답 ④

26번에 따르면 유포지의 제작은 B 업체로 선정하였다. B 업체는 색상, 위치 조정의 경우 3회 이상 수정 시 회당 5,000원 추가이고, 문구 수정은 3,000원이며 1회 수정만 가능하다. 이를 토대로 색상 및 위치 5회 수정의 경우 5,000×3=15,000원 추가되며, 문구 수정은 1회만 할 수 있으므로 3,000원이 추가된다. 따라서 추가되는 총 금액은 15,000+3,000=18,000원이다.

28
정답 ④

우선 발대식에 참여하는 인원은 선발인원 123명과 운영인원 10명을 합친 133명이나 인원의 10%를 추가 수용할 수 있는 곳이어야 하므로 147명 이상 수용할 수 있는 장소를 대여해야 한다. 따라서 세미나실은 대여할 수 없다. 또한 마이크와 빔 프로젝터를 모두 사용해야 하므로 빔 프로젝터를 사용할 수 없는 무궁화홀도 대여 장소에서 제외된다. 나머지 3곳 중 행사 전날인 16일 오후부터 발대식 기간인 17~18일 동안 대여할 수 있는 곳은 대회의실뿐이다.

29
정답 ③

R 활용 센서 데이터 분석은 2일 '이 대리 결혼' 일정 때문에 수강할 수 없다. R 활용 머신 러닝은 25일 당일 '부산 출장' 일정 때문에 수강할 수 없다. 5월 한 달 동안 수강할 수 있는 프로그램은 데이터 처리를 위한 클라우드 서비스, IoT 구현을 위한 회로설계 기술이다.

30
정답 ④

K씨는 10만 원 내로 수강할 수 있고, 수요일을 제외한 나머지 요일에 진행되는 프로그램을 추천해 주어야 한다. 10만 원 내로 수강할 수 있는 프로그램으로는 IoT 구현을 위한 회로설계 기술, R 활용 머신 러닝이 있는데, 그중 수요일에 진행되지 않는 프로그램은 R 활용 머신 러닝이다.

MEMO

MEMO

MEMO

MEMO

MEMO

MEMO

MEMO

고졸채용 NCS 기초입문서 자원관리능력

초 판 발 행   2023년 03월 10일

편   저   NCS 공기업연구소
발 행 인   정용수
발 행 처   (주)예문아카이브
주   소   서울시 마포구 동교로 18길 10 2층
T E L   02) 2038 - 7597
F A X   031) 955 - 0660

등 록 번 호   제2016 - 000240호

정   가   15,000원

홈페이지 http://www.yeamoonedu.com

I S B N   979-11-6386-144-7   [13320]

고졸채용 NCS

자원관리능력
기초입문서 정답 및 해설